彩虹浪潮

同性戀情慾探討

愛麗生醫療集團院長 **潘俊亨**醫師 | 著

目錄

CH 1

是不是基因惹的禍？ *16*

CH 6 同性戀情慾與性愛 *154*

德里克加曼（英國電影導演/詩人/畫家）：「我有一個夢想，有一天，所有的男孩都愛男孩，所有的女孩都愛女孩，並且永不改變。」

王爾德（愛爾蘭詩人/劇作家）：「這世間有一種無法說出口的愛情，男人愛男人的感情，於我，是世界上最美好的事情。」

蘇珊桑塔格（美國作家/評論家/女權主義者）：「同性戀是一種藝術，一種感受事物的方式。」

克勞斯沃維萊特（前德國柏林市長）：「我是同性戀，我覺得這樣很好。」

蔡康永（作家/媒體人）：「我愛上了一個人，只是碰巧與我性別一樣。」

三島由紀夫（日本作家）：「即便當你愛上了男人，你也必須集中所有精力於武之道。同性愛戀與戰之道相得益彰。」

張惠妹（歌手）：「當彩虹的顏色疊在一起，其實會變成白色，希望能用我的努力，讓同志這個稱呼、符號可以從世界上消失，我們都一樣，沒有不一樣」。

蔡依林（歌手）：「任何的愛都要支持，批判別人的愛，就不在愛的路上。」

馬龍白蘭度（美國電影演員/社運人士）：「也許很多人把同性戀看作是一種時髦，但我們何不問一下自己：『為什麼我們一定要愛異性？』……同性戀不僅歷史悠遠，也是人類生活方式嶄新的開拓，可以豐富我們日益蒼白的情愛資源。」

人間同志何其多！根據蓋洛普2017年的調查，美國同志人口數破千萬，另根據日本廣告公司「電通」2018年的調查發現，LGBT族群人口比例約有8.9%，較2015年的7.6%略為上升，依此判斷，全球同志人口呈現上升趨勢。

同性戀，英文為「Homosexual」，其中，Homo是「同」的意思，sexual是「性向」之意，同性戀指與同性建立親密關係，或以對同性的性傾向做為自我認同的人；簡單的說，就是一個人認為自己只愛與自己相同性別的人。

多年來，各界對於同性戀是否為天生的討論很多，包括醫學、社會科學、社會心理學、人權、性別等領域的專家都對此類議題發過聲，觀點有同有異，有支持有質疑，但此爭論的重要性近年來似乎已悄悄退位，因為最近有一個更值得被關注的話題是：同性戀是不是天生的很重要嗎？

是的，對於21世紀的新人類來說，同性戀是不是天生的？WHO CARE！在他們心裡，喜不喜歡才重要，而這或許也是全球LGBTQ+族群聲量愈來愈大，與其相關的議題愈來愈受到社會各界的重視，一波號稱「粉紅經濟」的浪潮已在全球席捲，甚至「從金融邏輯看同志婚姻合法化」躍然成為主流商業媒體的專題企畫，就再也沒有人能忽視同志的力量了。

本書試著從輕鬆的角度看同志，從古到今，從中到西，從藝文到體育，從心理到生理；不管你是不是同志，不管你出櫃了沒；這些人、這些事，那些過去與現在，都是構成人類文明的一部份，甚至是啟發人類文明向上提升的一個重要元素，所以，你可以不必認同，但你無從忽略。

推薦序一

　　生物的宇宙定律，生存、生活、延續。

　　生命的延續在過去好像是生命最重要的任務，其實，生命的本質，最迷人的，應該是標準的「活在當下」，當我們全心全意的活在當中，就會突然覺得，生命的本身變得輕鬆了，生命的特質簡單了，生活的內容單純了，生存的條件自在了！所以活在當下成為了生命自然、自適、自在與自由的出口！

　　是的，當我們活在當下，所有其他的一切就瞬間變得次要了，只要真誠於自己的初心與初衷，何處不可為？何成不可得？

　　正因為如此，當我們純然的活在當下，忠於自己的同時，我們與他們，我們與世界，也就成為了一體，一個完整的生命元宇宙，這時，性別、種族、性格⋯⋯，變成了特質、特色與特點，而不是「差異」，只是「獨特」。當我們覺得每一個生命都是獨特的個體時，便不會要求任何生命必須依照別人的看法，在別人的框架之下享受生命！此時，同性或異性就變成不是思考與識別的選項了。

　　跨越界線，成為一體，是宇宙原一的自然律，尊重自身，發揮特長，是小我大我、小宇宙大宇宙，互相尊重、互相為用的自然性，因此，同性、異性又成為了跨越界線的寬廣主題！所以，同性之心理意涵，與同戀之性格意涵，成為了寬廣生命觀的成熟度！當我們懂得尊重自己、尊重所有人，珍惜自己、珍惜每一個人的時候，當下立刻明白，

同性之心，同性之思，同性之戀，早已是以尊重萬事萬物為前提的宇宙論的延伸與源起！在潘院長的這本《彩虹浪潮──同性戀情慾探討》當中，我們體悟到了精采而細膩的觀察與新意，真誠的關懷與覺醒的新潮生命觀！潘院長的別出心裁，讓我們耳目一新！

　　有戀有性，不是相異，只是相同，只要用相同的愛來對待相同的戀，以及相異的戀愛，只要用相互尊重的眼來欣賞相同的性，與相異的心與眼，我們一定會驚覺，這世界每一個個體都同時具備異性戀的真，與同性戀的美。打開心，睜開眼，用欣賞之眸，享受生命，享受世界！

璩美鳳

壹傳媒新聞總編輯

2023.09.15於台北

推薦序二

英國大文豪莎士比亞說過：「愛像炭一樣，一旦燒起來，無法教它熄滅」。愛情超越時空、超越性別，無論任何人、任何信仰，阻擋愛情的作為都應該受到譴責，因為真正懂愛的人是不會阻止另一件愛情發生的。

潘俊亨院長是婦產科權威名醫，在一次偶然逛書店的機會中，驚喜發現他創作的《持續做愛不會老》、《別說不行，試試睪固酮》、《男人是什麼東西？》等增進兩性性福的出版品，閱後更是驚艷，於是開始聯繫邀他上節目，影片上架至今，總計他多支訪談影片的流量已累計超過200萬，且點閱率仍在持續增加中……

因為錄製節目，與潘俊亨院長認識、熟悉之後，更驚喜發現他在嚴謹的醫學專業之外，竟對於美術、音樂、歷史、人文、情慾等諸多領域都有深刻的觀察，使我與他從新冠疫情前的2019年，製作三立新聞網「奕起聊健康」節目開始，開啟了一段如父、如兄、如友的奇妙緣分。

沒想到的是，多才多藝的潘俊亨院長這次寫作的觸角竟延伸到男男、女女……的同志情愛。知悉後，一開始的確大感驚訝，但隨即恢復平常心，依我對他的認識與瞭解，他會想探究這一話題，其實不足為奇。

本書，透過潘俊亨院長從古今中外同志歷史的背景分析，可以了解同性情愛的發生，從來就是自然而然，沒有異常，只有美麗。

英國奧運跳水王子湯姆戴利（Tom Daley）；在台灣拍戲，演過〈玩命關頭6〉、〈美女與野獸〉的英國演員路克伊凡斯（Luke Evans）；前LV設計師小馬哥（Marc Jacobs）；有「電臀王子」之稱的瑞奇馬丁（Ricky Martin）；……。他們的愛人都是同性，瑞奇馬丁更曾對外說，試圖用自己的一生對世界宣告「我們只是普通人」。

在愛情之前，所有的限制、隔離、區別、階級都將消弭無蹤。在真實世界中，皇室王子早已娶平民女子為王妃，平凡律師也娶公主成為駙馬爺；印度王子戈希爾（Manvendra Singh Gohil）也早就出櫃，並曾登上超熱門的歐普拉脫口秀節目，勇敢捍衛同志權益。

很喜歡唐代詩人元稹的詩〈離思〉，其中有象徵永恆愛情的幾段文字：

曾經滄海難為水，除卻巫山不是雲。取次花叢懶回顧，半緣修道半緣君。

祝福所有在愛情中的人，當愛情發生了，無論王子愛公主、王子愛王子、或是公主愛公主，即使滄海桑田、物換星移，你（妳）依然是我眼底的依戀……，永遠、不變、珍惜。

願有情人都成眷屬。

鍾志鵬

資深媒體人，前TVBS社會新聞主管、
中天電視入圍金鐘獎節目「名人牀頭書」製作人、
三立新聞網醫療得獎節目「奕起聊健康」節目製作人

人類的生理構造分成男人與女人，在構造上兩種不同性別的差異很容易分辨，這樣設計的原因就是要男人和女人交媾後，世世代代把生命繁衍下去，是生物天賦的責任。

　　情慾促使男女互相吸引、親近，達到最後藉由性交使精子和卵子互相結合，終於產生後代。毫無疑問這是自然的現象，如果有宗教信仰的人，也可以解釋說這是上帝或神的安排。

　　每個人對於和異性交媾的慾望強弱不一，而且每個人的男性特質和女性特質也各異。根據分析，性慾的強弱取決於基因，而男性特質的強弱與女性特質的強弱也大部分是由基因決定，其次是成長的環境，包括教育及文化的影響。

　　有人性慾比較強，有人性慾比較弱，有女人的男性特質比較強，也有男人的女性特質比較強，在半個世紀前，男人和女人成年後，結婚生小孩是大家普遍接受的觀念；近20年來，因為社會結構及經濟因素的改變，結婚生小孩的人數愈來愈少，甚至有人結婚不生，也有人根本不婚不生，除去部分有虔誠宗教信仰的人，或有傳統成家觀念的人，生育繁衍後代的天職已經逐漸被新一代的年輕人淡化。愈來愈多人把性愛當成單純玩樂，性愛行為和繁衍後代的終極目的已漸脫節。

　　男人和女人經由性愛生子是普世倫常，男人與男人、女人和女人性愛不能生子（中世紀歐洲稱此為「性悖軌」），是違反倫常，是淺顯易懂的事實。所以男男戀、女女戀，自古以來即受到否定，排斥，甚至迫害！

　　如果我們以現代的社會狀態，在性愛與生殖脫鉤的前提之下，男人

終身獨身不娶不生、女人終身不婚不育的人口比率將會愈來愈高。

　　然而如果不去考慮要不要生育後代，不論是男性或女性，性愛的慾望仍然不會消失，因為只要人活著，由於荷爾蒙的分泌，人自然會有性慾望，會利用性器官滿足性需求，因為性交能解除性慾所造成的緊張，性慾衝動是本能。

　　那麼，如果性愛成為一種只是互相給予對方快樂滿足的活動，同性之間的性愛有何不可？基於什麼理由我們要去反對同性之間的戀情和性愛呢？

　　同性戀者的定義，簡單地説，就是一個人認為自己只愛與自己相同性別的人，性愛當然也是同性戀情的必要條件之一。

　　最近「ME TOO」新聞事件紛紛浮上檯面，我赫然發現同性之間也有被性騷擾、被性侵的控訴發生。而且根據各項世界權威性的調查結果發現，有同性戀傾向的人口約佔總人口比例的9%，且在全球各地都呈現上升的趨勢。至少，在我們的周遭，「同性戀」、「同志」這類名詞已經不再陌生，這些人和我們一起生活，並一起構築成完整的人類文明。

　　我為什麼要寫這本書？在於最近幾年我在看診當中，屢次出現同性伴侶相偕來看病，我直覺猜測她們是同性伴侶，當我用很親切的態度輕鬆的口氣直接問她們是不是同性伴侶？她們都坦然而直接回答我説，「是的」，而且這已不是單一次的經驗，她們幾乎都會用很自然的神情回答我原本擔心不禮貌的問題。

　　和她們談論病情之餘，我會好奇且用愉快的心情和她們閒聊幾句，

有好幾位都同意和我互相加Line，於是我們成了朋友，我發現她們與伴侶之間相處非常親愛，氣氛非常祥和，心靈健康開朗，讓我很羨慕，我感覺社會上大多數異性戀者對於同性伴侶仍感覺到陌生、好奇、不夠理解，所以我決定花多一點心思、多一點同理心，把我對同性戀者的了解寫出來。

我進一步去探詢，發現大部分同性戀者自童年時期在性別認同就和別人不同，譬如男孩認為自己應該是女孩，女孩也認為自己應該是個男孩才對。這種傾向好像是與生俱來的，並沒有人如此教育他們。有些女同雖然是女人的身軀，卻認為自己應該是個男人，有些男同有男人的身軀，卻認為自己應該是個女人，他們告訴我，這種性別認同最大的壓力來自父母。

他們的父母往往用身體構造來認定他們的性別，縱然他們覺得不舒服，但怯於表達。出社會後則是風俗及宗教信仰給他們帶來壓力，事實上，他們的性別傾向也不是他們自己選擇的，旁人無法改變他們，他們自己也沒辦法改變，也不認為需要改變。作為旁觀者，我們不必要企圖去禁止或改變他們，他們只是對性別的認同和社會多數人不一樣，他們和其他人一樣有完整的人格及表達慾望的自由，他們也是我們社會的一分子，也都在各自的崗位上努力工作，和我們一起生活、一起創造價值。

愛慕另一個人，進而談戀愛，再進一步享受愉悅的性愛，是人生莫大的幸福，雖然每一個人的個性不同，慾望強弱也不一，但不管對同性好感或對異性好感，都應該得到一樣的祝福，因此我建議人人都可以勇

敢並積極的追求感情和性愛，重要的是我希望大家都尊重其他人對性別的認同，用平常心對待他人對愛慕對象的選擇，並且祝福所有在戀愛中的人！

　　本書出版的目的，希望對同志現象做一個粗淺的介紹和探討，希望社會對不同性別傾向的人多一些了解。「他」和「她」也許是我們的家人，也許是我們的兄弟姐妹、也許是我們的好朋友，如果大家能以更寬容的心接納「他」和「她」，以平常心對待不同性別認同的人，那麼，這個社會將會更加和諧！

潘俊亨

CH*1*

是不是基因
惹的禍？

歷史上最早使用「homosexuality」一詞，是在匈牙利精神科醫師班克特（Karoly Maria Benkert）於1869年匿名印製的德語小冊子。19世紀末，普魯士政府頒佈刑法草案，要判處發生男男性行為的人1～4年監禁，班克特反對該法，撰文主張雙方私下合意的成年人性行為不該受罰。他首次創出「homosexual」一詞，替代當時帶有貶義的「pederast（雞姦）」，並以歷史上的英雄人物為例，指出許多男同性戀者不必然性格柔弱，反而充滿了男子氣概。

　　最終，班克特的抵抗未能成功，但這個單詞被德國精神醫學家、性學研究創始人之一的理查‧馮‧克拉夫‧埃賓（Richard Freiherr von Krafft-Ebing，1840～1902）和其他醫生接受，連同「homosexual」成為醫學診斷術語。

　　依據《性的循環》（The Cycles of Sex）一書作者嘉德派爾（Warren J. Gadpaille）醫學博士的觀點，同性戀者的認定標準包括以下幾點：

　　1.有與同性發展親密的行為與想法，而且是無法抑制的。

　　2.對異性沒有興趣，只對同性有情感及慾望。

　　3.積極的想與同性有交集，且為之神魂顛倒。

　　4.對以上想法及行為會感到可恥、罪惡，且伴隨著孤寂、憂鬱。

什麼是性傾向？

　　性傾向指一個人對男性、女性或兩性產生的持久情感，並伴有喜愛、眷戀或性吸引的現象。性傾向也指一種身份意識，一種基於這些吸引力、相關行為及身為這些相關族群一員而形成的身份意識。

　　研究證實，性傾向沒有明顯的、絕對的分類，而是呈現變動的模式，從僅受異性吸引的一端，到僅受同性吸引的另一端，在這兩個極端的範圍內，有的人呈現某一端的固著，有的人則一生在兩端之間游移變動。

　　性傾向主要有三個類別：

1.異性戀：對異性產生情感、愛情或性的吸引。

2.男同性戀/女同性戀：對同性產生情感、愛情或性的吸引。

3.雙性戀：對男性和女性都產生情感、愛情或性的吸引。

　　人們如何知道自己的性傾向？根據科學研究發現，成年人的性傾向通常是在童年中期至青春期初期形成的。這些情感、愛情及性吸引，可能在毫無性經驗的情況下產生。人的一生可以是抱持獨身、禁慾主義，但仍然知道自己的性傾向，不論是同性戀、雙性戀或是異性戀。

有些人早在與他人建立情感關係之前就知道自己的性傾向，有些人則是在與同性及/或異性伴侶發生情感或性行為之後才確定性傾向。一般來說，同性戀者大約在12歲左右開始對自己的性傾向產生好奇或困惑，大約在17歲左右確認，當然也有人遲至成年以後才探索及明確自己的性傾向。

　　同性戀在人類歷史上除了曾被視為違法行為，也曾被當成精神疾病，及至現在，許多國家及地區，甚至是在同性戀已然合法的社會，仍有人把同性戀和雙性戀者視為精神不正常，但近幾十年的研究和臨床經驗已經促使世界上所有主流醫學和精神健康組織得出結論：性傾向是人類生活經驗的自然形式，同性戀和雙性戀關係都是人類關係的自然形式，因此，這些主流組織很久以前就摒棄了把同性戀歸類為精神疾病的做法，但直到1973年，美國精神疾病診斷手冊才將同性戀從名單中移除。

　　同性戀者在行為表現上是否與一般人有所不同？根據研究，很多同性戀者在幼時有性別表現不一致（gender nonconformity）的經驗，也就是男孩喜歡做女孩裝扮、玩女孩遊戲，或者女孩喜歡穿褲子、剪短頭髮，但這也並非絕對，而且很多異性戀者也有性別表現不一致的情況。研究也發現，有同性戀傾向的青少年之所以受到同儕霸凌，經常是因為性別表現不一致，而較少是因為性傾向方面的偏好。

什麼原因導致一個人
具有特定的性傾向？

　　到目前為止，醫學對於一個人形成同性戀、異性戀、雙性戀或其他性傾向的具體原因還沒有達成共識。儘管許多研究測試過可能會影響性傾向的原因，例如遺傳、荷爾蒙、成長經驗、社會及文化的影響，但尚無研究能明確證實性傾向是由某個特定因素或多種因素所導致的。

　　多數科學家認為性傾向的形成，可能是由生物因子（基因、荷爾蒙）和孕後環境因子間複雜的交互作用所促成。研究指出，大多數人的性傾向在童年時期就已經形成。現有證據表明，絕大多數擁有同性戀傾向的成年人是由異性戀父母養育的，而由同性戀父母撫養的孩子絕大多數會成為異性戀。

　　近代以來，大量研究顯示了生物性因素對於人們性傾向的形成有重大影響，例如同卵雙胞胎性傾向一致性，以及同家族譜系間特定性傾向的集群，這些結果部分支持了生物學的解釋。為此，科學家正在尋找與性傾向有關的基因，雙胞胎研究為性傾向的遺傳基礎提供了實質證據，特別是對於男同性戀。

根據生物學家的研究，位於X染色體的Xq28以及8號染色體的8q12被認為最有可能是包含與男同性戀有關的基因片段。性傾向可能是一種多基因（polygenic）遺傳特徵，並且基因對於性傾向的形成可能只扮演了部分功能。有些科學家主張子宮環境會影響胎兒的表觀遺傳（epigenetics），進而調控性傾向的形成，有些研究認為能以此來預測胎兒的性傾向，但有些專家對其預測的準確性表示懷疑，指其樣本數量過小，可能造成研究成果出現偏差。

　　另外一些證據指出荷爾蒙與性傾向形成有關，一種說法是出生前的睪固酮濃度會影響胎兒的腦部結構，使胎兒在子宮時即編譯好特定的性傾向、性別認同及相關的行為、認知和性格特質。科學家分別根據出生順序、慣用手、頭髮漩渦、陰莖長短、身高/體重關係及無名指/食指長度比例等因素，來研究荷爾蒙與性傾向的關聯，而根據德國柏林夏里特（Charité）醫學院性科學、性醫學研究所研究團隊的研究發現，「每多有一個哥哥，該名男性被另一名男性吸引的可能性就大一些」，研究

者認為，這可能與母體懷多次男胎產生的免疫反應有關，研究團隊也發現，發生該現象的男性多數都是右撇子。

其他研究也指出生理學和性傾向的相關性。在神經內分泌學與神經解剖學方面，美國神經科學家西蒙列維（Simon LeVay）的研究報告指出，同性戀與異性戀間有若干腦神經核型態（INAH3）差異存在，但該研究同樣遭到樣本數量不足以及選擇偏誤的批評，結果尚未得到進一步的廣泛驗證。另一份研究則指出性信息素反應的差異，男性同性戀者和女性異性戀者的腦部會對雄二烯酮有性反應，女性同性戀者和男性異性戀者的腦部則對雌四烯醇有性反應。

對於同性戀性傾向形成的各種研究，至今仍在不斷發展中，而綜合現代各種科學研究，目前對於同性戀形成原因的共識，主要有以下幾項：

生理因素

1.基因與遺傳：從遺傳的角度來看，以男同性戀在遺傳上的生理機制較為明顯，生理學家使用家譜分析法的結果發現：同性戀家族的成員以親戚關係為「兄弟」的同性戀比例高達13.5%，大約為男同性戀族群中比例的6.7倍；次高的分別為「母親姐妹的兒子（即表兄弟）」（7.7%）、「母親的兄弟（即舅舅）」（7.3%），因此，根據以上數據推論，男同性戀的成因與母親的遺傳較為相關，男同性戀基因可能來自母親所給予的X染色體，此結果表明同性戀的某部份原因與遺傳有關。

2.大腦結構：在下視丘前葉中有一組細胞稱作INAH3（下視丘前葉

第三間隙細胞），研究發現，異性戀男性的INAH3比女性大兩倍，也比同性戀男性大2～3倍；而同性戀男性的INAH3卻幾乎與女性沒有差別。由此可推知，同性戀者與異性戀者在大腦結構上確實有差別；亦可推論，人類因大腦結構不同而出現同性戀傾向。

3.荷爾蒙：生物學則認為，同性戀產生的原因與遺傳上的染色體變異有關，由於腦下垂體異常會導致女同性戀者的男性荷爾蒙分泌較多，而男同性戀者則是分泌較多的女性荷爾蒙，或是懷孕婦女在生產前後荷爾蒙分泌出現異常。依此推論，荷爾蒙分泌的多寡有可能導致形成同性戀。

心理因素

1.早期經驗的因素：由精神分析學創始人佛洛伊德（1856～1939）所提出的同性戀原因，來自於早期經驗的認同與父母的相處方式。佛洛伊德表示，男同性戀是由於青春期固著在母親的認同上，以喜愛男生來抑制閹割的焦慮，且因為討厭父親的關係，使他們不愛女人；女同性戀則是因為母親沒有給予她們陽具，轉而對母親感到生氣，卻又在認同父親上出現問題，對父親的失望使她們拒絕所有的男性，防衛機制使得她們趨向喜歡女生。

根據精神科醫師的觀點，青少年的同性戀行為是因為早期經驗使得他們想要擺脫父母以及戀母情結使然，於是將自我認同投射在同儕身上，對同儕出現強烈的情感需求並尋求其支持，以致產生同性戀行為。以改造同性戀為異性戀知名的紐約精神科醫師艾文畢伯（Irving Bieber，1909～1991）的研究則發現，同性戀者多來自病態家庭，其父母多不和諧，母親通常有強大的控制力，父親則多為疏離與被動，因此，在他的

研究中，同性戀者通常是在早期認同的偏頗及家庭相處模式的異常中無法認同異性父母，在此心理衝突下所產生的一種因應環境的行為表現。

2.依附觀點：英國發展心理學家約翰鮑比（John Bowlby，1907～1990）提出，所謂的依附是指當個體能親近自我想親近的對象時，在情感層面可以得到滿足、安全，在個體可以感到自在與舒服，但當與想親近的人分離時，就會感到焦慮不安，並且透過一些特別的方式，例如：生氣、沮喪、害怕等負面情緒來表達不舒服的感覺。同性戀者在成長的過程中因為周圍有過多的同性，且其對同性的父母有強烈的依附，以至於對同性產生特殊情感，在多次的依附關係被滿足下，漸漸發展為對同性的認同及喜愛，於是當其在選擇感情歸屬時便會傾向選擇同性，以致出現同性戀傾向。

3.社會學習因素：佛洛伊德認為，產生同性戀的原因也可能是經由後天環境學習而來的。個體在成長過程中，因為受到身邊事物的影響，進而產生學習，如家庭環境、個人情感經驗、對性傾向的感受與觀點等，都可能影響某人的性傾向。同性戀者可能是藉由過去美好的早期經驗，例如：有良好的初次性經驗，而強化了對同性關係的認同，但如果

有不愉快的異性關係經驗，則可能產生同性戀傾向的負向強化因素。經由上述觀點，其實可以發現環境對個人的影響是非常大的，或許處在環境中的自我並不能覺察，但人們通常在潛移默化中就會被環境感染，自我與環境相互交融、相互摩擦，慢慢形塑出一個能存在於自我與環境的混合體，這便是透過社會學習所帶來的強大影響。

其他

1.有觀點認為產生同性戀的原因是受到他人的「誘惑與鼓舞」，透過別人的唆使或是較為強烈的促動，容易讓一個較沒有自我概念的人在行為及觀點上產生動搖，進而變成同性戀。

2.有觀點認為同性戀者是為了「逃避現實」，因為與異性相處對他們來說太過困難，且未曾有過好的經驗，於是轉向尋求同性慰藉，因而發生同性戀。

3.有觀點認為，同性戀只是個人「偏好」的不同而已，也就是同性戀其實是後天的選擇，就好比青菜蘿蔔各有所好，只是感情的對象選擇不同，不需要找理由。

與性別有關的四個向度

　　1.生理性別：即一個人是男性還是女性的區分。嬰兒出生時，根據身體特徵，包括染色體、荷爾蒙、內生殖器官和外生殖器官等，被指定某一個性別。

　　2.性別認同：即一個人的內在對自己是男性或女性的感覺。對跨性別者來說，出生時的生理性別跟他們內在的性別認同往往不一致。

　　3.性傾向：一個人對另一個人的持久浪漫感情，和/或在精神上、肉體上被這個人所吸引的感覺。對個體來說，性別認同和性別傾向可以是不一致的。

　　4.性別氣質：通常男性為陽剛氣質，女性為陰柔氣質，但有些男生看起來是陰柔的，也有些女生有陽剛、帥氣的氣質。

同性戀與遺傳有關？

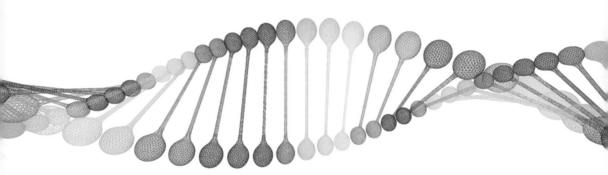

　　根據《科學》期刊發表，一項關於性行為生物學基礎的大型科學研究結果證實，性吸引像智商一樣，不是由單一基因決定，所以並沒有單一的同性戀基因，並且有數以千計的基因變異（genetic variants）和同性性行為有關，但其中多數的基因變異影響都極微小。也就是說，一個人是否有同性伴侶，基因和環境（包括社會文化、教育）等多種因素具有更多的影響。

　　這項大型研究對提供英國人體生物資料庫（UK Biobank）及美國DNA測試公司「23與我」（23andme）DNA樣本及生活習慣資料的47萬多人進行訪問調查，並進行全基因組關聯分析（GWAS）。研究人員掃描近50萬人的基因染色體，其中包括來自英國人體生物資料庫的41萬筆基因資料，以及「23與我」的6.8萬筆基因資料，並詢問受測者是否僅擁有過同性伴侶或是也曾有過異性伴侶。在47萬多人的基因圖譜中，有26827人表示有過同性性行為，比例為5.6%。

有5種基因標記與同性性行為相關

研究人員表示，雖然有5種基因標記
（genetic markers）與同性性行為「顯著」
相關，但這仍不足以預測一個人的性傾向。

這項研究的共同作者、芬蘭分子醫學研
究所（FIMM）生物學家根納（Andrea Ganna）
表示：「我們掃描整個人類基因組，並發現一些，精確來說是5處，明
顯與回報從事同性性行為者相關。」其中一個是與嗅覺相關的生物途
徑，還有另一個與性激素相關，這些各自都產生「非常小的影響」，
但合併起來可以解釋「在自我回報有同性性行為者中，不到1%的人有
這種變異」。

與根納合作的美國麻省理工學院－哈佛大學布洛德研究所（Broad
Institute of MIT and Harvard）成員納勒（Benjamin Neale）表示：
「沒有單一的同性戀基因，同性戀是分散在基因組中的許多小型基因
效應的集體貢獻。」

對此，倫敦大學遺傳研究所名譽教授柯蒂斯（David Curtis）也指
出，「這項研究清楚顯示，沒有所謂『同性戀基因』。」柯蒂斯說，
在受測樣本中，沒有基因變異對於性傾向有任何實質影響。相反來
看，研究發現，性傾向和許多基因都有適度的關聯。

柯蒂斯進一步表示，即使同性戀不是由遺傳所決定，但這也不表示
基因不是個人個性中可以被忽略的一部份。納勒解釋，完全考慮基因
變異時，遺傳因素僅佔同性性行為的8%～25%。

研究結果指出，性傾向確實具有遺傳成分，也就是從之前另一個規

模較小的研究中得到證實，特別是雙胞胎；非遺傳因素對於性傾向可能有著更顯著的影響，但這確實不易證實。研究人員表示，這代表像環境、撫養方式、個性與教養等非遺傳因素，更可能顯著影響一個人在性伴侶上的選擇。

根據美國聯邦疾病防治中心（CDC）2016年的研究，發現在美國18～44歲群體中，有6.2%男性和17.4%女性表示至少有過一次同性性經驗；1.3%女性和1.9%男性自稱是同性戀；5.5%女性和2%男性自稱是雙性戀。

在這次的研究中，英國人同性/雙性戀的比率不到5%，美國人約為19%。這顯示性愛偏好和性行為只有不到三分之一的因素與基因有關，其餘可能是環境、文化和其他因素所致，但這些因素扮演的角色變化更多也更複雜，比基因的影響更難被確定。

動物也有同性戀

從昆蟲到哺乳類動物，地球約有1500個物種出現同性性交行為，紐約中央公園動物園一對同性戀雄企鵝早已聲名在外，而有8%～10%的公羊只迷戀公羊，拒絕與發情的雌羊交配；老鼠和果蠅也都有十分明顯的同性戀傾向。另外，與人類DNA相似性極高的巴諾布猿（Bonobo），牠們就是充斥同性戀/雙性戀行為的動物之一，科學家甚至形容牠們透過多元做愛來解決同伴間的暴力衝突。

愛與性的關係

　　「先有性」還是「先有愛」？這問題如同「雞生蛋」還是「蛋生雞」一樣令人困惑，但雞蛋的問題在科學上或許不好說，至於「先有性」還是「先有愛」，以人類的智慧應該不至於有太多糾結，基本上，高興就好。

性愛合一

　　現代性科學表明，男性與女性愛情動力的自然本質就是性慾，這是延續種屬的天生本能。在這樣的意義上完全可以說，沒有性慾就沒有男女兩性之間的愛情。愛情和性慾的關係如此密切，無怪乎幾千年來，無數的文人墨客經常把愛與性混為一談。

從古希臘最著名的哲學家蘇格拉底，到現代法國最傑出的思想家沙特，從西方的基督教聖者奧古斯丁，到東方的儒學集大成者朱熹，都在不同程度上將愛與性混為一談，對它進行譴責、攻擊甚至咒罵。在思想開放的現代，雖然人們開始把愛與性的譴責、攻擊與詛咒轉變為歌頌，甚至膜拜，然而，無論是最前衛的西方性解放思潮的倡導人，還是最激烈的女權主義者，仍不免畫不清愛與性之間的界線。

因為，性慾原本就是人類的一種生物本能，是一種最原始、最基本，最強烈、最誘人的能量，它與人類的真善美相結合就會升華為美好的愛情，就能產生巨大的精神能量，創造出無數的人間奇蹟。然而這種本能一旦脫離了人類文明的制約，就會變異為醜陋的淫慾，給人們帶來撕心裂肺的痛苦和難以避免的災難。

從哲學來說，愛情就是男女雙方在一定的自然和社會基礎上，彼此渴望肉體上和精神上融合為一的強烈傾慕之情。愛情是性與情的結合，是靈與肉的交融。人類的性慾如果沒有真情感，那就不是愛情，只能是一種獸慾；如果沒有善的內涵，那也不是愛情，而只是一種淫慾；如果沒有美的形式，那當然也不是愛情，最多不過是一種性的本能衝動。

因而，從性慾本能升華為愛情，需要文明為路徑。文明是人類

根據《聖經》經文：女人乃是為男人所造

希伯來文稱女性為「ishah」，因為她是從男人「ish」身上取出來。他們非常相似，都是按著上帝的形象受造，具有相同的人性，但又不完全相同，神創造他們來完成充滿和征服地球的任務。

根據《聖經》經文，亞當是上帝創造的第一個人。上帝創造了宇宙萬物，在造物的第六天祂使用塵土造出了亞當，並將自己的氣息吹入亞當的鼻孔，使他成了有靈的活人。男人首先受造，女人則是由男人而出，並成為其完美的助手；亞當給妻子起名夏娃，因為她是「眾生之母」，聖徒保羅在哥林多前書11：8-12也教導，「起初，男人不是由女人而出，女人乃是由男人而出；並且男人不是為女人造的，女人乃是為男人造的。」

歷史進步的產物，是人類智慧發展的結晶。我們要使自己擁有美好的愛情，首先就要使自己擁有人類的文明。在這個意義上，愛情只能屬於那些擁有人類文明的人，屬於那些具有真善美心靈的人，如此，才能完美地形成性愛合一。

性愛分離

科學研究表明，大腦和眼神都能告訴你：性衝動和愛情是不相干的兩件事！愛情有可能是從性慾開始的，但很多時候性吸引力無法成功轉化為愛情。

在性觀念開放的今天，認為性愛可以分離看待的人愈來愈多，對性行為和性別角色演變的態度是其中一個關鍵因素。在上世紀90年代中期後出生的Z世代中，堅持男女二元性別的人明顯減少，「願意探索自己更多性取向」的人增加了。在一項研究中，研究者注意到一項統計數據，約50%的Z世代認為自己是異性戀。這種對不同類型的性伴侶和關係的開放態度，讓社會觀察家發現：Z世代不會專注在尋找他們的「唯一」，而是尋找各種各樣的人來滿足自己的不同需求，無論是浪漫的、性的，還是其他需求，且他們在人生的不同時期，可能會有不同的伴侶來滿足他們的不同需求。

對Z世代的新人類來說，「性」作為遊戲的價值高於物種繁衍的意義，沒有愛的一夜情，無礙高潮。

有愛的性更浪漫

對大多數人來說，有愛的性代表了有親密、有情緒交融、感覺到肉體的愛撫和心靈的接納，這樣的性是更美好的。無論何種性別或性取向，人們都更容易在穩定關係的性愛中體會到情緒上的滿足，也更容易獲得高潮，這主要是因為情感親密度對於性滿足感至關重要。

同時，與愛的人發生性行為，雙方更可能關心對方的需求，從而提高性生活的品質。研究發現，在穩定的愛情關係中，伴侶間更容易進行開放和誠實的溝通，這有助於瞭解彼此的性需求和偏好，從而克服源自內心深處對性的恐懼和羞恥。換句話說，愛情的存在會讓性更有安全感。

愛的終點必然是自然地走向性接觸

當然，在如此龐大、性格迥異的人群中，有人汲汲追求鮮活的性愛，也有伴侶在沒有性的情況下仍能將關係經營得很好。這是因為除了性滿意度，情感親密度和信任也是預測關係滿意度的重要因素。

在人的潛意識裡，性慾通常是處於被壓抑的狀態，社會的道德法制等文明規則，使人的本能慾望經常處在理性的控制中。然而，愛的終點必然是自然地走向性接觸，不論是兩性之間或同性之間。至於由愛入性，由性發展出愛情，或是選擇性愛分離，在成年人的世界，只要伴侶取得共識，就各取所需吧。

CH2

出櫃了！

同志向他人表明性傾向時，稱為「走出衣櫃」（come out of the closet），簡稱「出櫃」（come out），又稱「現身」，相對詞則是「未出櫃」（in the closet）。

　　一般而言，出櫃可分為三個階段：第一階段是認識自我，願意對自己坦承同志的身份；第二階段是向他人出櫃，也就是將自己同志的身份告知親友/同事；第三階段是公開生活，將同志身份自由公開無遮掩地融入生活之中。

　　同志，狹義上原指同性戀族群，歷經時間的演變，其意涵與內容不斷擴充，至今，廣義上的「同志」可包含L（Lesbian，女同性戀）、G（Gay，男同性戀）、B（Bisexual，雙性戀）、T（Transgender，跨性別）等四大族群，以及不符合異性戀主流價值的其他性少數族群。

　　進入21世紀，關於「同志」的範疇有了更新的說法──LGBTQIA，即加入了「Q」，對自己的性別認同感到疑惑的人（Questioning）、拒絕接受傳統性別二分法的「酷兒」（Genderqueer/Queer）；「I」（intersex），雙性人；與「A」，指無性（asexual）或是支持同性戀的異性戀盟友（straight allies）。

　　由於「同志」的範疇日漸擴大，加上現代人對性別的認同愈來愈多元，原有的「順性別」、「跨性別」、「LGBT」的分類方式已無法滿足人們在性別認同上的全部面貌，到了2020年代，更普遍的說法則為「LGBTQ+」，之所以使用「+」，表示未來還有其他更多的無限可能！

什麼是「酷兒」？

　　該詞源於英文「Queer」，本意為「古怪的、不正常的」，在早先的社會被用於指稱與異性戀不同的性取向或性別認同，如同性戀、雙性戀、跨性別等，是個具負面意涵的詞彙。1980年代起，同志群體開始擁抱「酷兒」一詞，在許多社會運動上高聲吶喊，希望重新建構對「酷兒」一詞的定義，以此宣示拒絕社會的主流文化。此後，酷兒便成為非異性戀族群的群體認同之一。

看名人出櫃

　　繼冰島前女總理西達朵提（Johanna Sigurdardottir）在2010年完成同志婚禮、比利時前首相迪呂波（Elio Di Rupo）於2011年在任內公開出櫃，2015年5月，盧森堡總理貝特（Xavier Bettel）成為全球第三位公開出櫃、第二個在任內完成同志婚禮的同性戀國家領導人。

　　隨著許多國內外名人公開出櫃，他/她們的真情與感性，逐漸改變了社會對同性戀的刻板印象。

白先勇

　　著名作家，1937年生，他家世顯赫，是中國國民黨高級將領白崇禧之子。他曾發表過許多著名作品，像《台北人》、《紐約客》等，他也為中國傳統戲曲崑曲的傳播有過極大的貢獻。白先勇從來不避諱自己

的性向，他很早就公開承認自己是同性戀，而他的一些廣為流傳的作品也與同性戀有關，其中最著名的就是長篇小説《孽子》，內容講述一群同性戀男孩的悲情故事。

白先勇曾在文章中寫過他的愛人王國祥，他們從17歲相識，到55歲時王國祥去世，兩人攜手走過38年，互相陪伴、彼此扶持、相濡以沫，感情令人稱羨。

蔡康永

知名作家、電視節目主持人，2001年11月21日他參加電視節目〈文茜小妹大〉錄影，代班主持人李敖問他：「蔡康永，你是不是Gay？」蔡康永在節目中坦誠以告，公開出櫃，成為台灣演藝圈首位出櫃者。

蔡康永和男友George（劉坤龍）相識於1994年，那一年蔡康永23歲。1995年兩人赴日本旅行遇神戶大地震，手牽手逃離災區的驚險一刻讓他們決定餘生要在一起。2005年，蔡康永帶著George以情侶的身份公開出現在媒體和大眾面前。他在臉書上説：「對異性戀來説，可能同性戀是個話題，但是對同志來説，這不是話題，這是真實的、每日的、每分每秒的生活。」

黃捷

1993年生，高雄市議員，長期以來大力支持婚姻平權及性平教育，2019年時被周刊爆料遭同居女助理劈腿分手，之後她在臉書出櫃，以「相愛不分性別」作為開頭，大方承認自己是雙性戀，「曾經有過異性伴侶，也曾經有過同性伴侶」，她認為「愛不分異同」，因為「愛情是很直接而誠實的感受，我無須欺騙自己，也不須欺騙社會」。

鄭宜農

　　獨立音樂人，1987年生，在2016年宣布與樂團「滅火器」主唱楊大正離婚，結束9年感情並宣布出櫃，坦言自己喜歡的是女生，她表示，「我的性傾向從小就非常模糊，喜歡過一些很棒的靈魂，但對於相遇的異性始終在身體這關宣告失敗，身體觸碰對我來說是具有壓力的。」她祝福對方在未來能遇見一個可以同時愛著他身體與靈魂的人。前夫也發文力挺前妻，「我永遠不會忘記我的結婚誓詞『永願捍衛宜農做自己的權利』，還是會當她人生中最強力的後盾，同時也為我們的坦然與勇敢感到驕傲。」

庫克（Tim Cook）

　　1960年生，蘋果公司執行長，2011年就被同志雜誌評為「全美最有影響力的同志」，但他在2014年才正式表明自己的同志身分，並認為「身為同志是上帝給我的最大恩賜」。出櫃前外界廣泛謠傳他是同性戀，但他一直沒有正式面對這些傳言，後來之所以公開出櫃，是因為他想為「孩子們」做一點事。他表示，「因為開始收到一些孩子的來信，他們在網路上看到有人說我是同性戀。」寄出這些信件的孩子們因性傾向遭到排擠、霸凌或虐待，這使一向極重視隱私的庫克決定公開出櫃。他認為如果這樣做能幫助別人，卻一直對性傾向保持沉默是很「自私」的行為。

艾爾頓強（**Elton Hercules John**）

　　英國著名的音樂才子，1973年在採訪中坦承自己是雙性戀，1988年正式出櫃，並在2005年英國認可同性婚姻後與大衛費尼許（David Furnish）登記為伴侶。他與伴侶也透過代理孕母育有兩個兒子。

　　艾爾頓強曾發表一封公開信，表示對反對同性戀的俄羅斯總統普丁感到十分反感，怒轟普丁對同志人權的看法極度「荒謬」。

瑞奇馬丁（**Ricky Martin**）

　　美國歌手，有「電動馬達」之稱，2010年他在自己的網站上公開出櫃，表示「對於自己是一個幸運的同性戀者感到驕傲」。他也在2012年的聯合國LGBT人權大會上進行演說。

　　1971年出生的瑞奇馬丁，與1984年出生、相差13歲的瑞典藝術家加萬約瑟夫2016年交往，2017年結婚，並透過代理孕母生下4名子女。但兩人已於2023年7月發表離婚聲明，結束6年婚姻。

路克伊凡斯（Luke Evans）

　　英國影劇圈的大帥哥，1979年生，他在22歲時就公開自己的性向，曾在受訪時霸氣表示：「所有人都知道我是同志。」路克伊凡斯的前男友是西班牙人氣男模雷卓羅（Jon Kortajarena Redruello），即便兩人都沒有承認或否認關係，卻經常一起出席公開活動，私下也大方甜蜜出遊，兩人交往約兩年多後曾分手又復合，但最後還是各走各的。路克伊凡斯的新男友也是一名演員，名叫維克多（Victor Turpin）。對於路克伊凡斯來說，同志的身分並不會影響他在好萊塢的事業，他表示，坦然面對自己的性向，能讓自己活得開心一點。

加布里埃爾艾塔爾（Gabriel Attal）

　　法國在2023年7月20日宣佈內閣改組，第五共和以來最年輕閣員、被媒體譽為「政治神童」的34歲艾塔爾成為最年輕教育部長，他被視為法國未來數十年不可忽視的政壇新星。

　　34歲的艾塔爾不愧是高顏值「政治神童」，吸引了眾多女粉絲，但他已有伴侶，且是位男伴侶，名叫斯特凡‧塞茹爾內（Stéphane Séjourné），

1985年生，也是位政治家。起初，兩人並不想公開戀情，但身邊的人漸漸發現了他們的關係，艾塔爾思忖，與其坐等別人在某一天爆料，不如自己公開承認。2017年8月20日，艾塔爾在推特上發佈聚會照片，以一種隱晦的方式公開了他和塞茹爾內的戀情。公開後為了保護彼此，塞茹爾內卸去了法國政府的職務，從此很少公開露面。

瑪麗蓮夢露（Marilyn Monroe，1926～1962）

她是全球影迷心中永遠的性感女神，根據英國《每日郵報》報導，她雖然先後結婚/離婚三次，但確實有同性戀傾向。她承認曾和多名知名女演員及她的兩個演戲指導發生性關係，這些名人中包括國際影壇巨星伊莉莎白泰勒（Elizabeth Rosemond Taylor，1932～2011）。有報導大膽評論：她一生都被自己的性傾向困擾。她呈現在公眾眼前的性取向，完全是個被精心包裝的假象。

茱蒂福斯特（Jodie Foster）

美國著名演員、導演、製片人，曾榮獲第61屆、第64屆奧斯卡最佳女主角獎，第70屆金球獎終身成就獎。她還是耶魯大學文學士、藝術榮譽碩士及賓州大學榮譽博士，並且多次入選《People》雜誌評選的「全球最美麗50人」，是好萊塢公認智慧與美貌兼具的演技派女演員。2007年她公布同性戀情，2014年她與攝影師也同是演員的亞歷山卓哈德森（Alexandra Hedison）結婚，茱蒂佛斯特在第78屆金球獎頒獎以《失控的審判》（The Mauritanian）四度拿下該獎項，她在得獎致辭時甜蜜地與妻子擁抱接吻。

以上所列僅是地球上「同志」族群的一小部分，但他/她們是幸運的。由於至今社會上對同性戀還存在偏見和歧視，使許多人對於出櫃猶豫不決。身為同志，有些人選擇終身隱藏自己的性傾向，有些人選擇在有限度的情況下出櫃，有些人則以官宣的方式公開出櫃。

出櫃通常是女同性戀、男同性戀及雙性戀者在心理上邁出自我認同的重要一步。研究顯示，當一個人對自己的性傾向感覺良好，並能將其融入生活中，有助於當事人提升心理幸福感和精神健康。這種融合通常涉及向家人及公眾公開自己的性傾向及身份認同，也包括參與及融入同

女同為什麼叫「蕾絲邊」？

　　「蕾絲邊」為譯詞，原文為「les」，該詞源自西元前6世紀女詩人莎芙（Sappho）的故鄉——古希臘萊斯博斯島（Lesbos）的島嶼名（英語為lesbian）。莎芙所遺留下的作品不多，但多數與女性的日常生活、感情關係及習慣等有關，尤其關注於女子的美貌，並明白表示她對女性的愛意。在19世紀晚期之前，「les」一詞被用指所有與萊斯博斯島相關的事物，例如萊斯博斯酒。到了1890年，醫學辭典開始使用該詞語，以「蕾絲邊之愛」等字詞形容女陰摩擦——兩名女性透過類似性交而達到性快感的行為，之後，「蕾絲邊」亦被用來描述女性間的情慾關係。

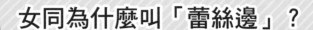

性戀群體。

　　與他人討論自己的性傾向，會讓當事人更易獲得社會支持，和異性戀一樣，同性戀和雙性戀者也希望可以與家人、朋友和熟人分享日常生活的點滴，並獲得他們的支持與認同。因此，和公開了性傾向的同性戀者相比，認為自己必須隱瞞性傾向的同性戀者會出現較多的精神健康問題，甚至會出現更多的身體健康問題，所以，在社會氛圍對LGBTQ+愈來愈友善的今日，如果你已經確認了自己的性傾向，為了健康，不妨勇敢走出櫃子。

蕾絲邊告白（一）

小芳（化名），碩士學歷，專業工作，1號女同。

小芳從小喜歡男性化妝扮，裙裝向來是她的拒絕往來戶。小學時男男女女同學打鬧在一塊，沒有性別認同上的困擾。上了中學，進入女校，在一眾女同學間，性格較為陽剛外放的小芳，在同儕間需要「英雄」角色時她成了救世主，也因為課業表現優異，成了一些女同學仰望的對象。

小芳與女同學間透過文紙傳遞的情話，被當老師的媽媽發現了，告誡小芳這是不妥的行為，但小芳此時似乎已探知自己的同性戀傾向，與女同學間的曖昧傳情沒斷過，媽媽此時才驚覺事情不似她原來想的那麼單純。

因為從小就有咬手指甲的強迫症，媽媽帶小芳去看了心理醫師，後來，強迫症症狀依舊，其他的行為好像也沒有什麼改變。同性戀傾向這件事在小芳的家庭裡，在她與父母之間，漸漸成為一種恐怖平衡，小芳一如往常，她還是父母的女兒，而小芳心裡也從沒改變過自己對性傾向的認同，這層關係像是一張薄薄的、隨時都可能被捅破的窗紙。

小芳在求學階段交往過一些女同學，女同學畢業進入社會後，多數成為異性戀，也多結婚生子。45歲的小芳，多年來投入專業工作，單身許久，也想找個伴，但她不諱言，同性戀的身分在尋找伴侶時多少會成為障礙。她最近嘗試加入同志網路交友社團，想要多一點對台灣同志圈現況的參與，也期待交友的願望透過努力能開花結果。

蕾絲邊告白（二）

小玲，1號女同。（自述）

　　我大約在國中二、三年級時開始比較喜歡做中性打扮，從國小後就不再喜歡穿裙子，國小畢業時剪掉長髮，但當時外表還是很小女孩的樣子，也有男生喜歡我，我也喜歡過男生，但沒有維持太久。

　　大概國一時發現身邊朋友都是女生，且喜歡跟女生相處勝過男生，好奇的對象也都是同性較多，大概到高一，才確定自己喜歡的是女生。

　　高中時因為跟班上同性同學較親密，班導直接告知家長此狀況才被迫出櫃；在我們這個世代，朋友間不需要出櫃，也很少有人會直白地問「你是『同』嗎？」，可能大多數同性戀看外表就可以觀察出來，但主要原因我覺得是大家對於是異性戀還是同性戀沒什麼差別，就像是喝水一樣平常。

　　近幾年同志圈不像以往有既定的刻板印象了，比如一個外表中性的女生配一個長髮女生，現在更多的是PP戀，或是少數有TT戀，不再是只有TP戀而已，國內也愈來愈多公眾人物願意公開自己是同性戀或雙性戀，並帶頭支持性別平等。

　　不久前看到網路上有人分享了一段話：現代人最私密、有最多隱私就是在每天使用的手機裡，當有人能將自己的手機交給另一半，電話響或是訊息來時可以面不改色、毫無緊張情緒，甚至能請你/妳來幫忙查看訊息時，那請珍惜他/她。能相互坦誠、彼此信任是很不容易的事情，而這就是我跟目前伴侶實際相處的模式。

女同志分類

T：來源於英文單詞Tomboy，即「假小子」，指外型為男性裝扮者。

P（婆）：指打扮和行為較秀氣者，最早由來是指「T的老婆」。

H：指介於「T」和「婆」二者中間者。

Pure：兩者皆可。

　　關於以上的說法，長期從事同志文學與電影及性別研究的國立臺灣師範大學台灣語文學系副教授曾秀萍指出，同志圈現今已較多去除這些「刻板」的分類，更多是隨「心」發展。是的，人有千萬種心性，每個同志都是一個獨立的個體，在外型及氣質上想要「變男」、「變女」，只要自己喜歡，大可不必因循旁人強加在她們身上的傳統印記。

同志如何出櫃？

　　如果確定自己是同志，要怎麼跟家人及身邊的親友出櫃？由於每個人的原生家庭及交友狀況不同，父母親友所處的狀態與價值觀也可能有很大差異，有些人出櫃過程順利且很快被親友家人認同，有些人終其一生都在為出櫃這件事掙扎奮鬥。要避免出櫃過程遭遇困擾，可參考以下過來人的建議：

第一階段：準備期

1.確定出櫃後不會對原來的生活產生巨大衝擊

　　在理想的出櫃準備裡，第一要務就是先建構好穩定的生活狀態。這裡的「生活狀態」通常是指獨立的經濟、獨立的居住空間，也就是當出

櫃後，如果同住的家人一時無法接受，出櫃者必須暫時脫離原來的生活狀態，就必須要確保不會影響接下來的生活。這些物質條件都是在這個階段要做好的準備，因為只有將這些前置工作建立好，才能在出櫃過程不那麼順利的情況下，生活及心理不會受到太大的衝擊。因此，如果經濟及心態尚未完全脫離原生家庭，需要考慮如果出櫃後造成與家人嚴重衝突時能有什麼後備支援，例如足夠供應3～6個月生活所需的存款，或是有可以暫時提供居住的處所，準備好了這些，再做出櫃計畫。

2.尋找在遭遇阻礙時能支援你的力量

同志出櫃，父母親友有可能在第一時間就給予認同及接受，也有可能必須面對一段艱辛的長期抗戰，因此，在這段長征的路上，需要找到能支持你的物質及精神力量，無論是身邊親近的朋友，或是跟你同樣正在經歷出櫃事件的「道友」，甚至是網路上不認識但能給你精神支持的同志社群等，他們能在你感覺受傷、脆弱時給你陪伴和協助，讓你更有能量繼續戰鬥；因此，在出櫃前需要事先找好包括現實世界及虛擬世界的支持圈，以便在需要的時候可以向他們及時求援。

3.設想出櫃時的各種情景及應對方法

接下來就可以進入行動前的鋪陳準備了。需要準備的事情有很多，可能需要花費幾週到幾個月的時間。你可以蒐集一些正面、溫和談論同志的相關資訊，比如書籍、電影、新聞、周遭同志朋友的故事等，相關的資源在網路上都很容易找得到；然後，在適當時機營造與父母親友溝通的環境，比如在吃飯聊天時不經意提起「看這本書是因為最近學校有開相關的課程」、「這部電影口碑好像不錯，有機會可以一起

看」……各種暗示與旁敲側擊，利用各種機會傳達正確的同志圖像給要溝通的對象，避免他們對同性戀的印象都是社會新聞版面上那些刻板的負面形象，也可藉機試探他們對同性戀的看法，有利於為後續的正式出櫃做準備。

　　這段情境假想鋪陳期的強度和長度因人而異，可以從反覆試探中得知何時是出櫃的最佳時機，不要操之過急，但也不建議拖太久，避免出櫃的勇氣在準備的過程中消耗殆盡。

第二階段：行動期

1.用和緩輕鬆的方式表達

　　出櫃時要用什麼方式表達，主要看平日和要溝通對象的相處方式，如果覺得用口語表達比較清晰、直接，那就可以用講的；如果覺得文字可以比較自在、完整的表達，那就用寫的，甚至是透過拍影片的方式也可以，目的是要讓自己有一個可以清晰、完整說明想法的機會。

出櫃時除了表態自己的同志身份，也可以視情況加入一些同志在生活中常會被問到的一些狀況解答，比如同志現在可以合法結婚、同志在同儕間的接受度已日漸提高，或是同志生活並不如刻板印象那樣隱密、退縮，同志生活其實跟一般人沒什麼不同，一樣要上課、要上班、要交朋友，下班回家也是追劇、上網、打遊戲，所以，出櫃的具體狀態與先前鋪陳的內容有很大關係，你可以預先試著說出或寫出你覺得適合對出櫃對象表達的內容，也可以想像當他們需要一些情緒上的安撫或支持時的應對措施，這樣能使出櫃成功的機率大大增加。

2.避免使用過激的言語及情緒傷害彼此

聽聞家人/朋友出櫃，每個人的反應可能有所不同，但要特別提醒的是，不要讓出櫃變成對彼此的傷害，雙方過激的反應只會對出櫃這件事的後續發展增添不利因素。有些情緒比較激動、原先親子溝通就比較不理想的家長，可能會開始情緒勒索、遷怒、說出很多傷害彼此的話，那些批評、咒罵聽在誰的耳裡肯定都令人難受，這時出櫃者最好要先壓制一下自己的情緒，避免因被激怒而模糊了焦點，這樣對出櫃的後續發展不會有什麼幫助，只會淪為傷害彼此的爭辯，因此當感覺討論已經開始失焦，就要先暫停討論，等雙方情緒較為平穩時再找機會溝通。

3.出櫃的人也要同理被出櫃者的心情

　　由於上一代人的生長環境和社會風氣與年輕世代有所不同，同志出櫃前必須先理解這一點。你可以先試著想像當他們得知子女出櫃時可能會面臨哪些困難、情緒上可能遭遇怎樣的不適應，試著去理解，不一定要求得諒解，也不需要覺得自己做錯事。這樣做能幫助自己有一個看事情的不同視角，較能去看見他們的困難，及他們那些激烈反應背後究竟有怎樣的意涵，這樣更能讓雙方找到有效的溝通途徑。

第三階段：修復與完成期

1.一次不成功不要氣餒，再找機會試著對

　　出櫃後，家人親友間也許會因為彼此不認同導致情感失和，這時欲出櫃者不妨冷靜一陣子，隔段時間再試著換另個方式與對方溝通。通常家長在得知子女出櫃後，也會自行做一些功課，或是認真思考一下與同志相關的一些議題；所以不能一次不成功就打退堂鼓，一定要再接再厲，嘗試用不同的方法與家人溝通，這個過程可能會很漫長，也可能充滿挫折，但為了能順利出櫃，得到家人的認同，一定要互相理解、不斷溝通，才有可能贏來成功出櫃的甜美果實。

2.不管結果如何，一定要照顧好自己

　　這段出櫃與被出櫃雙方關係進退搖擺期肯定讓人很難受，但日子還是要過下去，所以一定要照顧好自己的身心，多去做一些能讓自己開心的事，去旅行、去歡唱、去運動。當然，出櫃者的心理狀態可能因為遭遇挫折而充滿負面情緒，這時一定要盡量去找到能給你心靈支撐的力量，很多的社會團體都能提供相關支援，千萬不要因為怯於尋求這些協助，讓自己陷在孤軍奮戰的困境。

3.努力過，其他就交給時間吧！

　　如果你覺得自己已經盡了最大的努力，而家人對你的出櫃一時還是無法接受，這時千萬不要氣餒，除了試著再做努力，也不妨將結果交給時間，你只要繼續忠於自己地去生活，當家人看到你一如既往的認真生活著，經過時間的演變發酵，或許有一天他們就能接受你的同志身份了。

我的孩子出櫃了！

　　網路流傳一句話，「孩子出櫃，父母入櫃」，意思是：當同志子女對父母出櫃，就變成父母親躲進櫃子裡不知所措。

　　即便同性婚姻在台已合法多年，還是有部分家長直言「無法接受」，根據一份網路對子女「出櫃」的意向調查，有大約八成的網友留言「尊重」，甚至願意「支持」孩子的性向，另有約四成的網友留言表示，「尊重孩子的選擇，他們的人生由他們自己決定」，至於孩子在出櫃後可能面臨社會上的各種挑戰，這些為人父母者認為該由他們自己去承擔。

關於父母對子女出櫃的反應，專家指出，家長的心裡有上述這些情緒或是想法並不奇怪，畢竟，人們對於不熟悉的事物通常會帶有偏見和誤解，這些偏見可能來自自己成長過程中從周圍的人所傳遞的訊息，這些訊息經過時間的累積，內化成固著的信念，或成為個人看待事情的觀點。也因為不同世代間成長背景的差異，即使在資訊傳遞如此迅捷的今日，當子女坦承出櫃，有許多家長在聽聞的當下仍是充滿各種情緒、無法立刻接受。

　　其實，子女願意向父母出櫃，也表示子代對於親代仍存在親情牽繫，父母家人如果能在這時伸出一雙善意的手，對於無助或惶恐的年輕人能有很大的心靈支撐。一份研究顯示：比起受到家裡支持的同志族群，青少年階段因為同志身分而被父母拒絕者，在約25歲時有高八倍

的機率具自殺傾向、超過六倍的機率會得到憂鬱症、超過三倍的機率會使用毒品，以及超過三倍的機率會感染愛滋病。也就是説，當父母堅持反對、或是試圖想要改變孩子的性傾向，會嚴重影響年輕子女的身心健康；相反的，如果父母能夠支持和接受孩子的性傾向，則能夠促進他們的身心健康。

一份2010年的研究顯示，當同志孩子受到家人的支持，他們有更高的自尊心，並且有較低的機會出現憂鬱症、自殺傾向、愛滋病、或是藥物/酒癮等問題。另根據調查，在美國，無家可歸的青少年中有40%是同志；數據也顯示，每4位同志就有1位在向父母親出櫃時會被逐出家門。

從以上數據可以發現，當同志被家人接受時，他們將來的生活有更高的機會會往好的方向發展、對自己更滿意，並且相信自己未來可以組成家庭；而對於不被家人接受的同志族群，只有約三成的人認為自己將來能有一個美好的生活。

正如相關研究的結果所顯示，父母家人的拒絕、排斥、試圖改變孩子，只會嚴重影響孩子的身心健康。父母能幫助同志孩子最重要的方式應該是支持他們，就算父母本身不認同同性戀，也建議採取軟性支持，避免出現責罵的情形。

同性戀的歷史源流

近代以來，儘管LGBTQ+族群勢力範圍不斷擴大，但至今在社會上仍屬於少數，且與許多傳統文化裡的性別成見有極端衝突，於是長期以來該族群受到許多不公平的打壓，致使許多人不敢或不願公開自己的性傾向及性別認同，以免遭到歧視、霸凌、騷擾與攻擊。這些現象一直到最近幾年，由於進步思潮在全球範圍內開展，社會變得更加多元、開放與包容，LGBTQ+族群的權益逐漸受到認同與得到法律的保障，但即便如此，目前的社會狀態距離LGBTQ+族群真正被公平對待的理想目標仍還有一段長路要走。

同性戀源流探秘

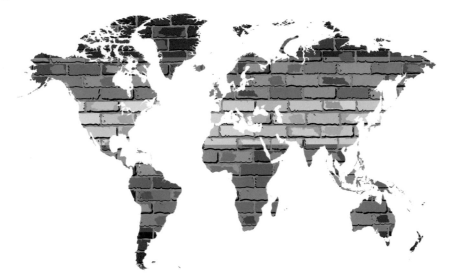

　　可以說，自有人類就有同性戀，但因為在人類文明前期留下來的記錄太少，後人僅能在隻字片語或是岩刻壁畫中找尋到關於人類文明的蛛絲馬跡，而這些被考證的歷史文物中，有關於同性戀的人類遺跡更是如鳳毛麟角。以下試圖從各類考古記錄及近代文字書寫中，編年整理，藉以窺探人類有史以來的同性戀發展史。

● 公元前9660～前5000年

● 在西西里島安達拉石洞的岩畫中描繪了成雙成對帶有菲勒斯
　（Phallus，源自希臘語，指勃起的男性生殖器的圖騰）特徵的男性
　形象，後人對此場景有多種解釋，包括捕獵、雜耍、宗教儀式及兩
　男性交。

公元前7世紀

- 約公元前630年，一塊在今希臘克里特島被發現的牌匾，記錄了多利安人貴族和青少年間一種被稱為「古希臘少年愛」的社會現象。
- 希臘萊斯博斯島著名的抒情詩人莎芙，她的作品以描繪女同性戀主題著稱。

公元前6世紀

- 於19世紀末發現，位於今義大利中部的伊特魯里亞文明的公牛墓壁畫描繪了同性性行為，壁畫時間推估為公元前540～530年，壁畫中公牛對面畫有一對同性戀和一對異性戀的性愛場景。
- 愛琴海東南方的阿斯提帕萊雅島海邊岩石上有刻著陽具的岩畫，經研究，岩畫刻於公元前5～6世紀，內容呈現兩名男性的性愛交歡場景。

〈柏拉圖的會飲〉，由安塞爾姆‧費爾巴哈創作

● 公元前4世紀

- 公元前385年，柏拉圖出版了《會飲篇》，其中收錄多位學者提出男性與男性之間的戀情是最高形式愛戀的觀點。後世將只侷限在精神面的愛情稱為「柏拉圖式愛情」，其實就是源自《會飲篇》，該文記載，「異性戀是為繁衍，同性戀才是真愛」。

● 公元前2世紀

- 在羅馬共和國時期，人們認為在同性關係中充當被動者是喪失男子氣概的表現而給予譴責。

● 公元前1世紀

- 古羅馬詩人維吉爾的《牧歌集》第10章是著名的同性戀題材。
- 古羅馬詩人提布魯斯的《輓歌》中涉及了同性戀題材。

● 1世紀

- 古羅馬時期的銀質飲水杯上有描繪男性同性性行為的浮雕。
- 54年：羅馬皇帝尼祿先後與兩個男性公民合法結婚。

● 2世紀

- 130年：羅馬皇帝哈德良寵愛的男孩安提諾烏斯去逝，哈德良十分悲痛，效仿亞歷山大大帝紀念情人的方式宣布安提諾烏斯為神。

羅馬皇帝哈德良

● **3世紀**

● 羅馬皇帝埃拉伽巴路斯與一位男性運動員結婚，兩人在公開場合出雙入對。

● **4世紀**

● 342年：羅馬皇帝君士坦斯一世和君士坦提烏斯二世發布了第一部禁止同性婚姻的法律。

● 390年：羅馬皇帝瓦倫提尼安二世、狄奧多西一世和阿卡狄奧斯宣布同性性行為非法，違法者判罰公開火刑。

● **5世紀**

● 498年：儘管宣布同性性行為違法，羅馬皇帝仍繼續向男妓收稅，直到阿納斯塔修斯一世廢除這項稅收。

● **6世紀**

● 529年：羅馬皇帝查士丁尼一世視同性戀者為與「饑荒、地震和瘟疫」一樣的問題。

● **7世紀**

● 693年：西哥德統治者埃吉卡要求教會處理王國內的同性戀問題，會議後決議處以同性性行為實施者睪丸閹割、剝奪聖禮、剃髮、100下鞭刑並驅逐流放。

羅馬皇帝查士丁尼一世

11世紀

- 1007年：神學家將同性戀行為比作通姦，主張犯此類罪行的人應該用與通姦者同樣的方法懺悔（一般是禁食）。

12世紀

- 1102年：倫敦公會議宣稱同性戀是有罪的。
- 1120年：耶路撒冷王國納布盧斯公會議呼籲對判處性悖軌的罪犯實施火刑。
- 1140年：義大利僧侶格拉提安在其編纂的《格拉提安教令集》中宣稱性悖軌是最邪惡的性犯罪，因為它通過「不自然」的方式進行。
- 1179年：羅馬第三次拉特蘭公會議判處將性悖軌者逐出教會。

13世紀

- 1232年：教宗格列高利九世開始在義大利城邦中建立異端裁判所。一些城市對一級和二級性悖軌罪判處截肢（肉刑），三級性悖軌罪和性悖軌慣犯判處火刑。

性悖軌

　　同性間的性行為稱為性悖軌(Sodomy)，在15世紀時有些男性因為性悖軌而遭斬首或火刑，性悖軌在這時也被稱為「不能說的罪」，此類性行為通常指肛交，有時會擴大解釋為不具有生育目的的性行為，如自慰、口交等。

● 1260年：法國判處一級性悖軌罪犯閹割，二級截肢，三級火刑。婦女犯此類罪行者也要處以相應的肉刑和死刑。

● 1265年：神學家托馬斯阿奎那認為性悖軌罪是僅次於謀殺的嚴重罪行。

● 1283年：法國民法典判處性悖軌罪犯火刑，並沒收其所有財產。

● 14世紀

● 1308～1314年：法國國王腓力四世以異端、偶像崇拜和性悖軌罪命令逮捕所有聖殿騎士，騎士團領袖被判處死刑。

● 1321年：但丁在《神曲》中將性悖軌者置於地獄第七層。

● 1370年左右：兩位男性在比利時的安特衛普被判處死刑，他們被指控因進行同性性行為而嚴重觸犯歐洲中世紀的法律。

● 15世紀

- 1424年：天主教聖徒聖伯納第諾在義大利佛羅倫斯講道三日，斥責同性戀和其他形式的肉慾，並呼籲判處性悖軌者驅逐流放。
- 1432年：佛羅倫斯成立了第一個特別為檢舉性悖軌者的組織「夜間警衛」，該組織在之後的70年裡逮捕了約1千名男性，判罪2千餘人，多數被處以罰款。
- 1451年：教宗尼古拉五世授意宗教裁判所迫害性悖軌者。
- 1475年：印加帝國一部編年史記錄了對同性戀者處以公開火刑並搗毀其住所的事蹟。
- 1476年：佛羅倫斯法庭一份記錄顯示達文西和其他三名年輕男性兩次被指控犯性悖軌罪，最後被無罪釋放。
- 1483年：西班牙宗教裁判所建立，對性悖軌罪犯判處以石刑、閹割和火刑。
- 1494年：義大利多明我會修士薩佛納羅拉批判佛羅倫斯的同性戀者犯下「可怕的罪行」，並勸告他們要離開他們年輕的情人。
- 1497年：西班牙王國加強了性悖軌的罪刑，使其犯罪程度等同叛國和異端罪。

● 16世紀

- 1502年：義大利藝術家桑德羅·波提切利被指控犯性悖軌罪。
- 1523年：佛羅倫斯藝術家本韋努托·切利尼受到性悖軌罪的指控。
- 1532年：神聖羅馬帝國宣布判處性悖軌罪者死刑。
- 1533年：英格蘭國王亨利八世通過性悖軌法，對施行肛交者判處死刑。

● **17世紀**

- 1620年：勃蘭登堡普魯士將男男性行為有罪化，犯者判處死刑。
- 1624年：英國在北美設立的殖民地維吉尼亞自治領將性悖軌者判處絞刑。
- 1655年：英國在北美設立的殖民地康乃狄克自治領通過了包括婦女在內的性悖軌法。
- 1688～1704年：日本江戶時代出現販賣男色的茶樓「陰間茶屋」。

陰間

　　指日本江戶時代在茶室內為男性提供同性性服務的男妓統稱，他們通常是貌美的少年，年齡為13、14歲到20歲左右，主要以服務男性顧客為主，偶爾也服務女性顧客。

● **18世紀**

- 1721年：德國一名女性因犯性悖軌罪被執行死刑。
- 1726年：允許男性穿著女式服裝出入的莫莉屋遭倫敦警方搜查，三名遭逮捕的男性被判處死刑。
- 1730～1811年：荷蘭共和國處罰觸犯性悖軌的民眾，民間出現恐慌。
- 1785年：英國哲學家、法學家傑瑞米·邊沁首先為性悖軌者做無罪辯護。

● 1791年：法國刑法典不再將同性性行視為犯罪，成為西歐第一個將成年人間自願的同性性行為除罪化的國家。

● 1794年：普魯士王國廢除對性悖軌者判處死刑的規定。

莫莉屋（Molly house）

是18世紀英格蘭男同性戀及變裝癖人士聚集的酒吧和社交場所，為今日同性戀酒吧的原型之一。最著名的是位於倫敦的瑪格麗特·克拉普莫莉屋。

在18世紀英格蘭，「莫莉」（Molly）一詞雖有女性之意，但通常是指男同性戀，在英國特別是指為男同性戀提供性服務的男性性工作者。這些人一般會取一個女性名字，著女裝，行為舉止模仿女性，相互稱呼彼此為「夫人」（madam）。

「莫莉」這個詞由「瑪莉」（Mary）轉化而來，「瑪麗」在俚語有妓女的意思，這要追溯到《聖經》，其中有妓女瑪麗。

專為男同性戀提供性服務的男性性工作者這一群體出現在18世紀早期的倫敦，當這個群體曝光的時候，人們開始使用「莫莉」這個詞來指這些有點娘娘腔的男妓，並稱呼他們工作的妓院為莫莉屋。

● **19世紀**

- 世紀初，最早的關於女同性戀的學術研究出版了。

- 1811年：荷蘭將同性戀行為除罪化。

- 1814年：「違反自然的性關係或行為」詞條第一次出現在美國刑法典中。

- 1830年：巴西將同性戀行為除罪化。

- 1832年：俄羅斯根據其新刑法典的「995條款」，判處同性戀者西伯利亞5年以下流放。

- 1835年：俄屬波蘭歷史上第一次判定同性戀行為違法。

- 1836年：大不列顛島執行最後一起對於同性戀的處決。

- 1852年：葡萄牙將同性戀行為除罪化。

- 1858年：鄂圖曼帝國將同性戀行為除罪化；東帝汶將同性戀合法化。

- 1861年：英格蘭將雞姦判罰從死刑改為10年以上有期徒刑至終身監禁。

- 1865年：聖馬利諾將同性戀行為除罪化。

- 1867年：德國法律工作者卡爾·亨利希·烏爾利克斯成為近代史上第一個公開自己同性戀身份的人，並發表公開演講呼籲保護同性戀權利，廢除反同性戀法案。

- 1869年：「同性戀（homosexuality）」一詞首次出現在德國-匈牙利人權宣傳手冊上。

- 1871年：同性戀在德意志帝國全面有罪化；瓜地馬拉和墨西哥將同性戀行為除罪化。

- 1880年：日本將同性戀行為（肛交）除罪化。
- 1886年：英格蘭根據刑法修正案宣布男性間的性行為違法（女性之間則不然）；阿根廷將同性戀行為除罪化；葡萄牙再次將同性戀行為有罪化。
- 1889年：同性戀在義大利合法化。
- 1892年：「雙性戀」和「異性戀」兩個詞首次出現在《性心理疾病》（Psychopathia Sexualis）一書中。

- 1895年：愛爾蘭劇作家王爾德被告發「與其他男性發生有傷風化的行為」，判處監禁兩年。
- 1897年：內科醫生及性學家馬格努斯・赫希菲爾德在5月14日成立科學人道委員會，支持同性戀維權運動，並反對德國刑法「將男性之間的性行為視為犯罪」。

- 1897年：英國詩人/作家/同性戀人權活動家喬治·塞西爾·艾夫斯建立英格蘭第一個同性戀人權組織羅尼亞社。

● 20世紀

- 1903年：紐約市警察局實施了美國第一次有記錄的針對同性戀的搜捕行動。在一項名為「Ariston Hotel Baths」的搜捕行動中，26名男性被拘留，其中12名被控雞姦罪，7名被判處4～20年徒刑。
- 1910年：埃瑪·戈爾德曼首先在公開演講中對同性權益表達支持，被譽為「第一個也是唯一一個美國女人在公眾面前捍衛同性戀愛」。
- 1913年：馬塞爾·普魯斯特的《追憶似水年華》在法國出版，意味著同性戀公開在現代西方作家文學作品中出現。
- 1917年：俄國的「十月革命」廢除之前的刑罰典，布爾什維克領導人宣稱「同性戀和異性戀關係在法律面前是平等的。」
- 1919年：馬格努斯·赫希菲爾德博士在德國柏林組建性學研究所。
- 1919年：第一部同性戀電影《與眾不同》（Different From the Others）發行。

- 1921年：第一次試圖將女同性戀判為違法的嘗試在英格蘭以失敗告終。
- 1922年：蘇聯在刑法典中對同性戀行為去刑事化（即合法化）。
- 1924年：亨利·格柏在芝加哥建立美國第一個同性戀權益組織「人權協會」，該組織在警方的壓力下只維持了幾個月；同性戀在巴拿馬、巴拉圭和秘魯合法化。
- 1926年：同性戀「homosexuality」一詞第一次出現在美國主流刊物《紐約時報》上。
- 1928年：瑞克里芙·霍爾的《寂寞之井》在英國出版，之後傳入美國。它的發表引發了法律爭議並將同性戀問題帶入公眾議題。
- 1991年：香港將同性戀行為除罪化。
- 1997年：中國大陸將同性戀行為除罪化。
- 1999年：智利將同性戀行為除罪化。

● 21世紀

- 2019年：台灣成為亞洲首個同性婚姻立法的地區。

中國同性戀起源考

　　中國歷史悠久，對於同性戀的文獻記載相當多，包括男同性戀與女同性戀都有不少的典故，有唯美的，也有荒淫的，但由於歷朝歷代文化及社會背景有異，流傳至今的典籍儘管班班可考，其內涵意蘊可能有別於今日，不能等同觀之。

與男同性戀相關的成語典故

「比頑童」為「亂風」之一

　　中國古代對於同性戀最早的記載出現在商朝，《商書‧伊訓》中指出世有「三風十愆」，說「卿士有一於身，家必喪；邦君有一於身，

國必亡。臣下不匡,其刑墨。」三風中有「亂風」,「亂風」中包括「四愆」,其中的一愆是「比頑童」,就是玩男童,也就是同性戀,由此可見,在商代,「比頑童」已經成為「亂風」的一種,所以伊尹在對太甲的訓誡中不得不特別加以提醒。

斷袖之癖

西漢建平二年,漢哀帝有天下朝回宮,看到殿前站著一個人正在傳漏報(古代以壺漏計時,「傳漏」即為報時)時,哀帝隨口問:「那不是舍人董賢嗎?」那人忙叩頭道:「正是小臣董賢。」董賢是御史董恭的兒子,在漢哀帝劉欣還是太子時曾當過太子舍人。就是這一瞥,哀帝忽然發現,幾年不見,董賢越長越俊俏了,比六宮粉黛還要漂亮,不禁大為喜愛,命他隨身侍從。從此對他日益寵愛,同車而乘,同榻而眠。

董賢不僅長得漂亮,言談舉止也十足像女人,「性柔和」、「善為媚」。哀帝對董賢萬般寵愛,一次午睡,董賢枕著哀帝的袖子睡著了,哀帝想起身卻又不忍驚醒董賢,隨手拔劍割斷了衣袖。後人每當提起漢哀帝便說他有「斷袖之癖」。於是,「斷袖」也就成為男同性戀的代名詞而流傳至今了。

龍陽之好

龍陽君是戰國時魏安釐王的男寵,深受魏王喜愛,由於龍陽君名氣很大,古代也將男寵稱為「龍陽」。

《戰國策·魏策》記載,有一天龍陽君和魏王去釣魚,突然掉下眼

淚。魏王忙問原因，龍陽説自己就像大王釣到的魚一樣，釣到第一條魚時很開心，但之後會有更多的魚被釣上來，那時第一條魚就顯得無足輕重了。意喻，他現在能和魏王同床共枕固然開心，但以後一定會有更多女人來迷惑大王，到時他就會像第一條被釣上來的魚一樣被丟棄。魏王一聽便明白了龍陽的意思，為了讓他安心，魏王下令四海不得進貢美女，否則殺無赦。二人的感情在民間廣為流傳，「龍陽之好」的説法也由此而生。

龍陽君是中國歷史上第一個有明確記載的同性戀，但是他不像其他男寵那樣，只能以美色討得君王歡心，龍陽君極為努力在尋求自身的價值，甚至在魏安釐王死後仍受到新王的重用，一生對魏國有巨大貢獻。

女同性戀的風氣也相當興盛

中國古代歷史上對男同性戀的記載相當多，對女同性戀的記載就相對較少，實際上，女同性戀的風氣在民間也相當廣泛。

女而男淫

　　史書記載，漢武帝時陳皇后失寵後十分寂寞，傳說她叫了一個女巫穿上男子的衣服，扮為男子，共臥起，儼若夫婦。這件事被漢武帝知道後十分震怒，認為這是宮中妖孽，殺了這個女巫，廢了陳皇后，責其為「女而男淫」，與此牽連而被殺的有三百多人。

風流女道士魚玄機

　　同性戀行為在中國的道教中是不違反教規的，唐朝多才多藝又風流的女道士魚玄機，除了有不少男性情人，也有女性情人。她19歲時與和她一起修煉的女道士采蘋共食同寢，雙方一有爭執，總是采蘋吃虧哭泣，這種事幾乎每天都上演，可是很快又和好如初。魚玄機那首著名的《贈鄰女》就是為采蘋而寫。

魚玄機畫像

　　在當時，像魚玄機這樣的風流女道士絕非個案，但社會對女同性戀頗為寬容，因為這類行為不會破壞婚姻家庭，不算「失節」，也不會影響子女的血統。元代時規定女尼姑、女道姑等不能隨意進入女子的閨房，以防生亂，其主要目的也是防止女同性戀發生。

馮小青幽居別院，寄情楊夫人

　　明末女子馮小青與進士楊廷槐夫人的同性戀情是歷史詳載的一例，她的《寄楊夫人書》纏綿悱惻，悲婉動人。她嫁給杭州馮生做妾，遭大婦嫉妒而幽居於別院，與楊夫人之間的愛情，因她18歲早逝而結束。

二女同死

清代諸晦香的《明齋小識》中有一篇記載時事的文章，題為：二女同死，記述一位書院掌教之愛妾和閨中良友相擁投江自盡的事。

養蠶女歃血為約組「金蘭會」，永不外嫁

廣東順德的養蠶女互相結盟，歃血為約，永不外嫁。她們結為姐妹，親如夫妻，禍福與共，終身不渝，居住在稱為「故婆屋」的房子裡，這裡禁止男人入內。她們結盟的儀式叫「梳起」，舉行這種儀式時，像新娘出嫁一樣，將做姑娘時常留的大辮子梳成別的髮型，到神前當眾殺公雞喝血，拜神發誓。凡是經過「梳起」的女子，一切婚約均屬無效，男家也不能強娶，但可要求賠償聘金和重新訂婚的費用，這費用由結拜姐妹共同承擔。

清代梁紹壬在《兩般秋雨庵隨筆》中就記載了養蠶女組成的「金蘭會」：廣東順德村落女子，多以拜盟結姐妹，名金蘭。女出嫁後歸寧，恆不返夫家，至有未成夫妻禮，必俟同盟姊妹嫁畢，然後各返夫家。若促之過甚，則眾姐妹相約自盡，此等弊習，雖賢有司弗能禁也。

福建沿海惠安女

福建沿海以捕魚為生的惠安女中，與順德蠶女相似的同性戀也很常見。在明清兩代及民國

初期，女子結金蘭在福建、廣東一帶儼然成為一種風氣。

磨鏡黨

《清稗類鈔》中記載了清末民初上海女同性戀團體「磨鏡黨」：滬妓有洪奶奶者，佚其名，居公共租界之恩慶里，為上海八怪之一……所狎之男子絕少，而婦女與之昵，俗所謂「磨鏡黨」是也。洪為之魁，兩女相愛，較男女之狎蝶為甚；因妒而爭之事時有，且或以性命相搏，乃由洪為之判斷，黨員唯唯從命，不敢違。

清末民初，上海挾開放風氣之先，使得光怪陸離之事充斥其間，女同性戀在此時成為有組織的活動，稱為「磨鏡黨」，其中有一位叫洪奶奶的人，住在租界恩慶里，被稱為上海八怪之一。這位洪奶奶吸引女子和駕馭女子都很有一套，既不失女子的溫柔，又有男人的強勢果斷。這位洪奶奶後來成了磨鏡黨的老大，成員間時常爭風吃醋，甚至鬧出命案，都要她來解決。她生活奢侈，大部分錢財都來自與她相好的女子。

磨鏡黨的成員最初只是一些妓女，後來，很多大戶人家的女子和妻妾紛紛拋家入黨。隨著組織日漸發展壯大，磨鏡黨漸漸變味，有些組織成員以公開表演來吸引人觀看，每次收費十多元錢。

行客

清末民初湖南江永縣、道縣地方建立了一個與男性相對分離的女性社會。她們同吃同住，形影不離，被稱為「行客」，意思是經常互相走訪的客人。行客中有些感情深摯者發展成同性戀關係。女書是結拜姊妹間的文化媒介，行客的作品稱「行客歌」，是女書中最具分量的作品之一。

中國社會對同性戀的傳統觀念已有所改變

　　根據國際同性戀委員會2020年的調查，中國的同性戀人口估計有7000萬人，其中男同性戀人數在4500萬以上，女同性戀人數在2500萬左右，相當於人口總數的5％，且比例呈現每年上升的趨勢，這反映中國社會對同性戀的傳統觀念已有所改變。

　　雖中國政府至今對同志權益仍採「不支持、不鼓勵、不反對」的三不政策，但社會對於同志的接受度明顯已較早年開放許多。

中國古代同性戀名著《品花寶鑑》

　　清道光年間由陳森所著的《品花寶鑑》，是一部描寫狎優風氣的長篇小說，共60回。書中對同性戀的描繪堪稱淋漓盡致，這本書被認為是中國歷史上較為集中地描繪同性戀的一本書，書中將徐子雲與袁寶珠、奚十一與巴英官、潘三與妾童戲子之間的同性戀行為描寫得入木三分，據考證，這些人物都有所本，該書被稱作「同性戀的百科全書」，但露骨的性描寫也使得這部小說多次被詬病、禁毀。

古希臘少年愛

　　古希臘盛行的少年愛，起源自城邦出現前的部落時期，約莫是從西元前8世紀的古風時期開始到西元前146年被羅馬共和國征服之前的這段時間。在當時的社會，當少年成年時，部落會指派一個年長男性將他暫時帶離部落，並教導少年成年後所應負的社會責任與基礎的謀生能力，同時也會對少年進行性教育，此即古希臘少年愛的起源。年長的男性會盡其所能將自己所學的知識與技能傳授給少年，同時也會給予少年保護，而少年則以青春與承諾作為給年長男性的回報。

　　古希臘在進入城邦時期後，社會不再要求少年必須離開部落學習，但仍必須向城中一名成年男性學習知識與技能，這些成年男性一如在部落時期一樣扮演少年的年長伴侶角色，由於朝夕相處，許多年長者會對

少年產生愛情。由於少年的社會地位較低，所以在這段感情中通常處於被動的角色。為了避免少年遭到性剝削，古希臘社會曾立法保護少年免於性侵害的威脅。如果成年男子仰慕某個少年，必須接受少年提出的一段觀察期，以確保他是真心想教導少年知識及技能，而非只是想和少年發生性行為。如果一個少年太早接受仰慕者的追求，會被視為「容易獲得」，但如果讓仰慕者等太久，少年也會被人唾棄。

古希臘人認為少年發育的黃金時段是青春期至長出體毛為止，因此12～17歲的青少年被認為最有吸引力。年長男性如果愛上12歲以下的少年會被認為不道德，但法律並沒有明文禁止這種不道德行為。

由於此時期男風盛行，古希臘城邦也有男妓的存在，這些以賣淫為生的少年大多是奴隸，他們的顧客則大多是平民階級的古希臘公民。對沒錢、沒學識的平民階級男性而言，貴族那套追求少年的方法太不切實際，而男妓的存在則可以滿足他們對少年的愛慕。同時因為古希臘人認為口交是可恥的，所以有性需求的公民通常會找男妓解決。

另外，在古希臘時期，誘使一個自由民少年賣淫是極為嚴重的罪行，而自由民少年通常也不被鼓勵從事賣淫。有賣淫背景的自由民少年在成年後會喪失公民權，包括選舉權與訴訟權等。

少年愛在古希臘城邦中具有社會教育的重要意義，這種同性愛情關係建立起古希臘的系統化教育，並對當時人們的日常生活、哲學思想與藝術創作產生深刻且久遠的影響。此時期男性雖可終生維持少年愛，但男性間的婚姻並不被法律承認。

日本的眾道

　　眾道是日本男同性戀關係或武士關係的一部份。「眾道」是「若眾道」的縮寫，別名「若道」或「若色」。「眾道」是在江戶時代（又稱德川時代，1603～1867）進入到武士社會。

　　在日本，男同性戀關係最早是在平安時代（794～1192）的貴族之間和僧侶之間盛行。到了日本中世的室町時代（1336～1573），武士階層也開始流行起男同性戀關係。有趣的是，武士間的男同性戀關係漸漸與其「主從關係」的價值觀結合起來。

　　「眾道」這個詞語何時被確立下來並不可考，但是承應二年（1653年）江戶幕府頒佈了《市廛商估并文武市籍寄名者令條（遊女并隱賣女）》中，日本幕府第一次在法令上對「眾道」這個身分進行了確認。而在江戶時代之前，這種武士之間的關係還僅僅是用「男色」稱呼。

　　1716年成書的《葉隱》，對武士道中的男同性戀關係進行了闡釋，「一生之中只有一人值得相互思念」，「始亂終棄簡直大逆不

道」，「先相知五年再確定是否值得相戀」。然後，如果對方風流成性不值得信任，或是兩人沒有共同價值及人生目標，則應該果斷分手。在《葉隱》中，眾道關係應該是值得為對方付出性命的。

萌芽時期

武士之間流行的男同性關係和之前在貴族社會流行的美少年癖好有所不同。在當時，由於女性禁止進入戰場，因此武將需要其他男性服侍，而這些人一般年輕貌美，被稱為「小姓」。這便是武士階層裡男同性戀關係的開始，在很多時候，「小姓」有時候會取代「女性」被當作滿足性需求的對象。

根據20世紀初日本風俗研究家岩田準一所編寫的《本朝男色考 男色文獻書志》指出，武士階層的男同性戀關係早在戰國時代就已存在，而日本的貴族政治向武士政治轉變的時期也在同時期的鎌倉時代（1185～1333）。岩田表示，「原本屬於僧侶之間的這種男同性戀關係，在武士看來是一種奇觀」。

專門策劃美術、浮世繪相關書籍的白倉敬彥在其著作《江戶的男色》中指出，將軍的小姓制度是在室町時代得以確認。能樂的創始人世阿彌就是日本室町幕府第三任征夷大將軍足利義滿的孌童之一，將軍的寵愛使他得到庇護，而奉獻出男色就是他給將軍的回報之一。

日本近代史研究學者氏家幹人在他的書《武士道とエロス（武士道與愛慾）》甚至還提到了「男色與戰術的關係」。在《新編會津風土記》第74卷「土人ノ口碑」中提到，文明11年（1479年），蘆名氏利用男色收集情報，一舉在高田城戰役中獲勝。同時男色也被認為是武士出人頭地的策略之一，或是有加強軍隊團結的作用。

氏家幹人著作《武士道とエロス》

興盛時期

到了江戶時代，隨著日本的政治和社會逐漸安定下來，男色的作用幾已全部喪失。根據描寫戰國時代末期到平安時代中期男色關係的《葉隱》指出，男色即便到了江戶時代依舊是流行的，只不過從前君臣一般的上下關係沒有了，取而代之的是念者（年長者）與若眾（年少者）的關係。「念者」會為「若眾」提供武士道方面的成長指導，換取若眾的色情服務。

根據《葉隱》記載，念者與若眾之間是一對一的關係，然而這並不妨礙兩者各自尋找女色。若眾成年後雙方關係即告停止，兩者之後也可自行尋找新的若眾。當然，若眾必然是年輕且面貌清秀的少年，屬於武士之間的曖昧關係——眾道，正式在江戶時代開始流行起來。

但是在江戶時代早期，日本諸藩對家臣之間的眾道關係採取嚴格管控，特別是姬路藩藩主池田光政（1609～1682）更是嚴禁家中有任何眾道關係，違反者將被永久驅逐。到了江戶時代中期，隨著藩主對君主的忠誠度要遠遠重於眾道關係後，同時伴隨著社會眾多爭奪美少年而爭風吃醋的爭鬥事件，導致眾道關係被視為是不利社會安定的一個重要因素。安永4年（1775年），米澤藩的藩主上杉治憲頒佈了針對眾道關係更為嚴格的法令，宣佈可以對眾道關係判處死刑。到了幕府時代末期，包括薩摩藩等在內的一度盛行眾道關係的藩地，也開始對眾道關係進行取締。

菊花之愛

因為形象的緣故，菊花常被指代男性之愛，最著名也最源遠流長的故事當屬《雨月物語》（日本江戶時代後期的讀本代表作之一，作者為上田秋成）中的〈菊花之約〉一篇。

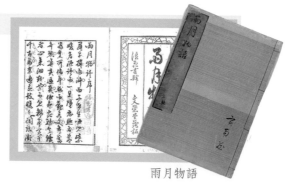

雨月物語

在日本，異性間的戀愛稱為女色，男男間的戀愛稱為男色，男色在當時既非禁忌，也沒有道德顧慮，最突出的男色現象即眾道。一些將軍、大名（日本古代對封建領主的稱謂）乃至武士身邊的大部分小姓，

其實質地位其實是男寵。

　　據說這種風俗是日本僧侶來大唐取經時帶回去的。鎌倉幕府樹立起了武士中央集權制，當時變童還只是山門、貴族公卿的時髦玩物，屬於身份象徵，普通武士是玩不起的，基本上，上層階級享有變童的專利權。由於當時的男人大部分時間都在戰場上度過，性慾的解決很大程度轉嫁到了變童身上。

　　同時，為了構建一個牢不可破的武士集團，武士、主僕之間的禮義忠貞觀念被空前強調，變童成為主將身邊最親近的侍衛，也可以説是最後一道防線。倘若兩軍對壘、近身肉搏之時，能誓死護衛主將的只有身邊的變童了。於是，變童被要求必須有視死如歸的勇氣與膽識，所以，日本戰國時代的變童和早期流行於公卿山門身邊的變童不同，需要有高超的武藝。

　　變童之風日漸興盛，甚至有些大名身邊有十幾二十個變童也不稀奇，德川四天王中的井伊直政和本多忠勝就嗜好此道，江戶幕府的三代將軍家光和五代將軍綱吉也都是眾道的愛好者。

同志的黑暗年代

　　即便在21世紀的今天，世界各地仍有某些人或某些團體堅定地反對同性戀，其中不乏宗教團體，才在不久前的2021年，教廷教義部仍發表言論表示，同性結合雖有「正面成分」，但天主教會沒有權力祝福這類結合，因為神不可能「祝福罪惡」。今日尚且如此，試想在政教合一的中世紀，同性戀者所遭遇的處境可說是重災難。

　　1533年，英國亨利八世第一次引入了懲處同性性行為的「性悖軌法」，犯者最重可處以絞刑。在當時，同性戀被明文認定成一種人類異端，直到1973年美國精神醫學學會才將同性戀從官方疾病診斷手冊上移除，同性戀者這段被歧視的時間長達440年。

　　當時的醫學界認為同性戀是「生病的病患」，需要被治療，醫界將同性戀列入精神疾病統計診斷手冊（DSM-II）的「社會病態人格疾患」。

在這段黑暗時期，同性戀者被強迫接受各種黑暗而沒有人性的「醫學治療」，嘗試讓他們變成「正常人」，如今看來，這種種施加在同性戀者身上的「治療」，無疑是荒謬而殘忍的。

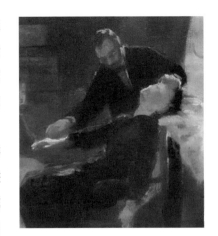

1889年，德國精神病學家亞伯特（Albert von Schrenck-Notzing）聲稱，經由催眠與妓院的嫖妓行為，他成功把一個同性戀男性「轉正」了，自此，開啟了同性戀者長達一個多世紀的黑暗年代。

激素療法

當時的西方醫學大部分認為同性戀的發生跟內分泌有關，奧地利的生理學家尤金・施泰納赫（Eugen Steinach）認為睪丸分泌的睪固酮是維持男性正常性向的激素，如果男性體內睪固酮分泌不足便會表現出同性戀的傾向。於是在1916年，他嘗試將死去的異性戀者的睪丸移植到一位「同性戀患者」身上，術後，或許是安慰劑效應，這位擁有「異性戀睪丸」的同志聲稱自己生平第一次對異性產生了慾望。

丹麥籍醫生卡爾・皮特・瓦內特（Carl Peter Værnet）則將尤金的概念發揚光大。他認為只要補充睪固酮等各種激素，就能將同性戀扭轉為異性戀，所以他在納粹集中營中用手術讓同性戀囚犯補充合成的荷爾蒙，方法是在「患者」的鼠蹊部埋入高濃度的荷爾蒙膠囊，試圖以此來達到治療的效果。有趣的是，每位接受「治療」的患者都聲稱自己痊癒了，因為他們知道，如果沒有「痊癒」，下場只會更慘。

二戰之後，醫學界基本知道荷爾蒙療法對於「扭轉性取向」沒有效果，但這種治療方式在當時「反同性戀」的大環境下，仍然受到歡迎，也被許多醫師認為是治療同性戀的唯一途徑。要知道在那時同性戀是有罪的，如果犯了「性悖軌罪」，下場只有兩條路，一是坐牢，二是接受等同化學去勢的激素治療。

腦白質切除術

由於使用藥物對於將同性戀「轉正」的效果不明顯，醫學界又想到了用「腦白質切除術」（Lobotomy），這個方法在當時幾乎可說是治療精神疾病的萬靈丹。過程只需要用一把特殊的手術刀，直接插入大腦，然後將前額葉神經搗碎就行了。接受治療的人基本上不會再出現任何同性戀行為，因為術後他們會呈現麻木、遲鈍、神情呆滯的狀態，基本和傻子沒有任何區別。

厭惡療法

生理上的治療失敗了，心理行為治療學派的專家們跟著加入這場荒謬的迫害。

厭惡療法（Aversion therapy）是根據生理的條件反射原理，強行建立一條「厭惡同性戀」的生理反射迴路，治療時醫生會先把「患者」綁住，再脫掉他們的褲子，接著不停給「患者」播放同性戀的情色影片，如果「病人」這時勃起，就對勃起的器官進行電擊，並經由無數次的電極，讓「患者」只要接觸到與同性戀相關的事物就會聯想到電擊的痛苦，進而躲避並壓抑自己的性傾向與需求。

另一種厭惡療法是利用原本用來搶救誤食毒物或難以洗胃的患者身

上的藥物——安卜嗎啡（Apomorphine）。前段療程與上述的電擊方式一樣，當患者看到男性裸體，還不待其勃起就先給予注射安卜嗎啡，使患者引起強烈的不適與嘔吐感，讓他們以後見到男性就覺得噁心想吐。

電擊大腦高潮點

知名的羅伯特·希斯（Robert Heath）醫生以癲癇與大腦的電擊研究聞名，他認為大腦中的伏隔核（Nucleus Accumbens）是大腦掌控及感受快樂與高潮的中樞，與食物、性和毒品等刺激有關，於是他設計了一個知名的實驗「愉悅治療」，其中最有名的一位同性戀「患者」叫B-19，治療過程中給B-19看異性戀性交的影片，起初他表現得十分厭惡和憤怒，但希斯醫生只要按下特定的開關刺激大腦中的相關區域，B-19就可以神奇地感到無比愉悅。

在這之後，希斯醫生給B-19看異性戀的色情電影時他都不再拒絕，而且還會勃起，並可以通過手淫達到高潮。後來，希斯醫生還特地為他雇來了一名妓女，在妓女的誘導下他第一次嘗試了與異性性交。在接下來的日子，B-19一直重複著一邊看「異性戀性交影片」，一邊被刺激伏隔核享受愉悅的實驗，慢慢地，B-19變得能主動去按下按鈕來刺激自己，而隨著療程的進展，他按鈕的頻度愈來愈高。B-19在接受完希斯的治療後，與一位已婚女士維持了10個月的感情，但之後又恢復了原本的同性戀行為。

經過了漫長的黑暗年代，現在我們已經知道性傾向與身體的荷爾蒙或大腦神經運作無關，無法藉由治療或是藥物改變，而是人類本來就具有的多種天性之一。此後，同志的黑暗年代才漸漸邁向終點。

CH4
世界各國
同性戀現狀

同志運動如今在世界各地如風起雲湧，歡樂的聲浪已漸取代被用有色的眼光看待，相似的情形在大眾藝文方面也正在進行，正面和寫實的同性戀者角色在電視、電影和藝文作品中日漸增多。

同志驕傲月的起源

每年6月，世界各地的人們不約而同高舉彩虹旗，為全球同性戀、雙性戀、跨性別社群（統稱LGBTQ+）表示支持與認同，所以6月又被稱為「同志驕傲月」。許多與驕傲月相關的活動不僅帶領LGBTQ+族群回顧歷史，了解自身權益如何從無到有，也讓社會大眾有機會去認識並尊重為爭取平權而努力不懈的人們。

「同志驕傲月」的起源，可追溯回1969年在美國紐約市發生的一起對抗警察騷擾的示威活動，該活動被稱為「石牆騷亂」（Stonewall riots）。

彩虹旗

　　同志平權運動常使用的象徵標誌，在1978年時被設計出來，共有紅、橙、黃、綠、藍、紫六種顏色，分別代表「生命」、「復原」、「太陽」、「自然與寧靜」、「和諧」、「靈魂」，也象徵同志族群的多彩多姿。

　　當時，當地的酷兒族群經常會在位於紐約市格林威治村的石牆酒吧聚會，同性戀在當時的社會遭受嚴重的歧視和排擠，警察更是常常騷擾石牆酒吧的客人。在1969年6月28日深夜，警察再次突襲石牆酒吧，不過這回酒吧裡的客人和附近的居民拒絕再受到平白無故的歧視和羞辱，決定起身反抗警察的暴力與騷擾，於是展開了為期數日的抗議活動。

　　這場騷亂被視為是現代LGBTQ+權益運動的開始，此後，每年6月

被定為「同志驕傲月」以紀念這場運動，在美國的帶領下，各地也紛紛建立起LGBTQ+平權組織，包括加拿大、法國、英國、德國、比利時、荷蘭、澳洲、紐西蘭等地均加入同性戀解放陣線聯盟。

對許多LGBTQ+族群成員來說，同志驕傲月是一個對外界展現自己身份認同和性傾向的時刻，同時也希望透過這些活動的舉辦能提高大眾對LGBTQ+族群議題的了解，鼓勵大家成為平權倡議的一份子。

舊金山同志驕傲大遊行

簡稱「舊金山同志大遊行」，是世界上最著名的同志驕傲遊行之一。從「石牆騷亂」發生的隔年（1970年）開始，每年6月的第四個星期日，在舊金山市區的市場街（Market Street）便會舉行同志大遊行，不僅舊金山市區裡的男同志、女同志、雙性戀者、非同志，甚至來自全美或全世界的同志及對同志友好的人以及前來朝聖的觀光客，所有人一起在此狂歡慶祝。

粉紅三角形

　　該標示是納粹集中營臂章之一，用於識別男囚犯被捕的原因為同性戀。在集中營中，每名囚犯都必須佩戴一個倒轉的臂章以區別其所屬的「類別」。臂章的圖形可以重疊，以表示其屬於雙重類別，比如一名猶太裔男同性戀者將會佩戴一個粉紅色和黃色的三角臂章。

　　該標誌後來被同性戀驕傲日和同性戀權利運動借用作為標誌，它也是除彩虹旗以外同志族群最流行的標誌。有些團體把本來倒轉的三角形轉為尖角向上，象徵戰鬥，提醒人們不要讓同性戀者被不公平對待的悲劇再次發生。

遊行前主辦單位會在卡斯楚區附近的雙子峰山上掛起巨大的倒粉紅三角旗幟，而在遊行前一晚的週末，卡斯楚區更會進行愛心捐贈封街活動，整個夜晚有許多的DJ和酒吧在現場播放音樂，沿街的店家燈火通明，路上滿是飲酒狂歡的人，封街狂歡會在午夜前結束，讓人們好好休息，準備投入第二天一早的遊行。

　　周日上午10：30開始遊行，隊伍沿著舊金山市區的主要道路市場街前行，每年遊行都由1千位女同志騎著重型機車開路，稱之為「Dykes on Bikes」，緊接著是由男同志騎著腳踏車的隊伍進場，稱之為「Mikes on Bikes」，每次遊行都有超過幾百個隊伍參加，遊行以市政廳前做為終點，終點處還會有盛大的園遊會和相關表演活動。每年的同志遊行都為舊金山吸引數百萬的觀光人潮，早已是舊金山最熱門的觀光活動之一。

同性婚姻發展史

美國

　　雞姦法在美國很多州都於20世紀被取消或推翻（2003年的勞倫斯對決德州的案件中，所有的雞姦法都被判定違憲，美國至此才正式將同性戀全面除罪），很多公司和地方政府都在他們的非歧視規定中增加禁止基於性取向的歧視。在美國一些地區，對同性戀施加暴力會被視為犯仇恨罪，將受到嚴厲的懲罰。

　　佛蒙特州在1990年代後期為同性婚姻提供了另一種選擇：民事結合（civil union）。同性戀者在全國一些地區可以領養子女，但需要經過繁複的程序；2013年6月26日，美國最高法院宣判「捍衛婚姻法案」第3章違憲，主要理由是「人民的道德與性選擇，應該受到憲法保障」；2015年6月26日，美國最高法院承認並使全國同性婚姻合法化，全國各州不得立法禁止同性婚姻。

歐洲

　　歐洲LGBT權益普遍較世界其他地區進步，一些國家早在1960年代已把同性戀除罪化，並致力推廣LGBT平權運動。

　　1989年，丹麥成為首個允許同性民事結合的國家。

　　1999年，法國允許同性民事結合。

　　2001年，荷蘭成為首個同性婚姻合法化的國家。

　　2003年，比利時允許同性婚姻。

　　2005年，西班牙允許同性婚姻。

　　此後，葡萄牙、冰島、英國、法國、挪威、瑞典、愛爾蘭、丹麥、奧地利等亦相繼承認同性婚姻；瑞士、義大利、希臘則對於同性伴侶允許民事結合。

民事結合

　　指由民事法所確立並保護的等同或類似婚姻的結合關係，做為新造的民法術語，「民事結合」主要用於為同性伴侶提供與異性伴侶相同或近似的權利，也可以用來指那些不想進入婚姻，比較希望處於一種類似於賦予法律權利的同居關係。

日本

日本古代雖然沒有反對或迫害同志權益的歷史，反而對異性戀之間的男女相處有極其嚴格的規範，但自江戶幕府後期和明治維新後，日本社會對於同性戀權益的看法變得保守許

多，甚至在1873年之後的7年間，同性戀還一度被認為是違法行為，讓很多LGBTQ+人士只能生活在社會底層或是被迫過雙面人的生活。不過近年來日本社會已經開始注意到同志相關議題並開始向政府爭取其權益，年輕世代也多支持給予LGBTQ+相關人士更多法律上的保障。

同志權益雖然在日本不被民事法律保護，目前也沒有國家層面的法律反對或認可同性戀關係，不過同性性行為在日本是合法的。2022年11月，日本東京都啟動「東京都伴侶關係宣誓制度」，向在東京生活和工作的同性伴侶發放伴侶關係證書，在這個不具備婚姻平權的國家，該舉措對LGBTQ+族群爭取權益來說無疑是向前邁出了一大步。

韓國

一般法律並未禁止同性性行為，但該國軍隊刑法嚴格禁止男性士兵之間的性行為，即使在非執勤/放假期間也同樣禁止，若觸犯法律可判處最高兩年有期徒刑。

《人權觀察組織》指出，韓國政府過去在聯合國會議上多次針對保護LGBTQ+的措施投同意票，卻在改善國內LGBTQ+權益方面進展不大。很多人認為這與韓國人信仰宗教觀念保守有關。

不過隨著時間進展，韓國社會的保守態度已慢慢軟化。一對同性伴侶在2019年舉行了婚禮，但同性婚姻在當時並未被韓國法律承認。當事人在2021年提出行政訴訟，認為他和伴侶具有實質婚姻關係，政府單位僅以「同性」為由剝奪其被扶養者的資格，違背健保規章，案件歷時1年多的審理，首爾高等法院在2023年2月21日做出判決，同性伴侶勝訴，此判例被視為是韓國首度承認同性伴侶的法律權利。

台灣

台灣對於同志群體相對寬容，同性婚姻的相關議題與社會運動起始於1980年代末期，由同志平權運動者祁家威提出同性婚姻立法的請願與抗爭。

歷經30年的奮鬥，台灣同志權益終於開花結果。2019年2月20日，行政院根據釋憲案及公投結果提出確保同性婚姻之法律草案，次日行政院會議通過審議，規定年滿18歲的同性伴侶可成立同性婚姻關係，準用民法規定可繼承財產與收養有血緣的子女，同年5月17日《司法院釋字第748號解釋施行法》於立法院三讀通過，法案於5月24日正式生效，中華民國成為亞洲第一個、世界第27個實行同性婚姻的國家。

香港

香港在1991年將同性戀非刑事化，此後LGBTQ+權利運動開始發展。香港早在上世紀90年代即開始討論性傾向歧視條例，但因社會的主流意見普遍反對而沒有進行公眾諮詢，香港政府亦不大重視相關的議題。

香港一些基督教保守派團體一直反對就性傾向歧視條例進行任何諮詢和立法，他們擔心立法會造成逆向歧視，並會限制香港人的言論自由。香港首位同志立法會議員陳志全及其他香港同志團體認為，香港政府應該立即通過有關保護同志權益的香港法例，甚至接受同性婚姻。特區政府方面表示，同志平權不可「一步登天」，因為社會對此尚未有共識。

香港法律至今雖不承認在香港境內外登記的同性婚姻或民事結合，但因為不少在香港居住的永久性居民擁有英國國民（海外）的英國國籍，因此只要伴侶其中一方是英國國民（海外），並符合其他條件，即可在英國駐24國使館登記同性婚姻。

新加坡

19世紀時，大英帝國將其刑事法典強行實施於所有殖民地，其中包含禁止男同志性行為的規範。這些地區雖然大多已經獨立，英國也在2013年通過同性婚姻合法化，但是據統計，部份大英國協會員國中仍固守這條百年前的殖民法律，同屬大英國協會員的新加坡，在2022年8月宣布廢除英國殖民時期留下的〈刑法377A〉條文，自此不再把同性性行為視為犯罪，但新加坡政府對於同性婚姻合法化至今仍是態度保守。

同性戀人口有多少？

　　根據蓋洛普2022年發布的調查，美國成年人自認是LGBTQ+的比例為7.1%，這是2012年蓋洛普首次做這項調查時數據的兩倍，由此反映出世代之間的轉變。

　　蓋洛普在做這項電話調查時，會詢問受訪者的身份認同是否為異性戀、女同性戀、男同性戀、雙性戀、跨性別或其他異性戀以外的身份，受訪者可以自願提供任何其他的性取向或性別認同。

　　在2021年接受調查的1.2萬人中，有86.3%的受訪者表示他們是異性戀，有6.6%的人沒有回答。這項調查始於2012年，當時自認是LGBTQ+族群的比例為3.5%，此後這個數字逐年穩步上升。

從年齡層來看，與年紀較長的世代相比，最年輕的成年人自認是LGBTQ+身份的比率明顯較高。整體而言，在1997～2003年間出生的Z世代美國人中，有20.8%的人自認是LGBTQ+族群，這數字大約是出生於1981～1996年間的千禧世代10.5%的兩倍。

X世代（1965～1980年）自認是LGBTQ+族群的比例為4.2%，嬰兒潮世代（1946～1964年）為2.6%，而出生於1946年之前的傳統世代（Traditionalists）為0.8%，這個世代有時也被稱為沈默的一代（Silent Generation）。

Z世代成年人在2017年自認是LGBTQ+族群的數據為7%，到了2021年，隨著該世代有更多人成年，自認是LGBTQ+族群的比例成長為12%。

值得觀察的是，有57%的LGBTQ+美國人表示他們是雙性戀，這相當於所有美國成年人口數的4%；居次的LGBTQ+身份為男同性戀，佔21%，女同性戀者為14%，跨性別者為10%，4%為其他，例如酷兒。

從這項調查開始以來，傳統世代、嬰兒潮世代和X世代自認為是LGBTQ+的比例一直維持穩定，千禧世代則略有上升，但從2017年以來，Z世代的LGBTQ+比例幾乎翻倍，顯見大環境對於LGBTQ+族群是愈來愈友善，讓更多同志族群願意在公眾面前展現自我。而對於Z世代青

年成人（18～23歲）中LGBTQ+人口激增，專家也提出兩個可能解釋：

1.承認論：因為社會對於LGBTQ+的接納度愈來愈高，以致更多人願意「出櫃」。

2.疑惑論：在社會文化影響下，更多人對自己是否是異性戀者及順性別者產生疑惑，一些經常閱讀網上LGBTQ+資訊以及受社會文化影響的兒童及青少年，萌生對自身性別及性傾向的疑惑。

台灣LGBTQ+人口比例約為15%

而我國中研院《台灣青少年成長歷程研究》曾對5千名以上受訪者展開長達10年的追蹤研究，依此分析我國LGBTQ+人口比例約為：自我認同為同性戀者佔5%，自我認同為雙性戀比例佔10%（不含認同為同性戀者），兩者加總為15%。

瑞典是全球對同性戀最友善的國家

根據皮尤研究中心（Pew Research Center）2019年針對世界34個國家的調查統計，北歐、西歐和北美地區民眾認為同性戀應該被社會接受的比率最高，瑞典高達94%，美國為72%；亞洲地區統計了7個國家的意向（台灣並未在列），以菲律賓73%最高，日本為68%，南韓為44%，伊斯蘭教大國印尼最低，僅9%。

　　此外，許多國家在過去幾年對同性戀的接受度大為提高，例如南非提高了21%，達到54%，南韓提高了19%、墨西哥與日本各提高了15%，印度則提高了22%，達到37%。

　　另根據在全球150個熱門旅遊國家中，對待LGBTQ+遊客最友善的國家前三名依序是：瑞典、加拿大、挪威，美國意外僅為第24名，台灣則名列第27。

　　調查也提示，包括馬來西亞、新加坡、摩洛哥、埃及等度假勝地，以及普遍對LGBTQ+族群接受度較低的非洲國家，同志欲前往這些地區旅遊需謹慎注意安全。

台灣同志運動30年

資料來源：維基百科

　　提到台灣的同志平權運動，不能不提祁家威。

　　1986年2月末，祁家威和他的中學同學，也是他的同性伴侶在美國結婚，兩人在結婚當天召開國際記者會公開出櫃，成為台灣第一位公開出櫃的同性戀者。

　　當年台灣尚在戒嚴時期，在那場高調的國際記者會後，祁家威立即被政府以重大「傷害罪」的罪名逮捕。對此，祁家威說：「記者會因為邀請路透社等國際媒體報導台灣的愛滋病情況以及公開出櫃，台灣情報單位覺得我在鬧事，不得不處理。」

　　他得意地說，「抓我的人對我說：『祁先生，你太厲害了，所以我們必須讓你在自由世界消失，關你5年。』所以他們隨便塞了一個傷害罪名要我背，但我透過我的犯罪學及法律知識，成功地在5個月後擺脫他們，離開監獄。」

　　出生於台北的祁家威來自公務員家庭，他說自己從小就是學霸，是學校的風雲人物。中小學時期交往的對象都是女生，高中開始有了同性情愫，暗戀同班男生。他說，「1975年的夏天，英文老師教了一個單字『homosexual』（同性戀），我開始去思考自己的同性戀認同，尤其當時也在暗戀同班同

祁家威（資料來源：網路）

學。暑假時，我去查了資料，發現1974年同性戀已經被世界精神醫學大會從精神病列表中移除，我因而確定了自己的性傾向是正常的，開始向周遭朋友及父母出櫃。他們都很能接受，所以我心想，既然家人朋友都不反對，真的是老天爺安排我走同志這條路。」

　　他高中沒念完，也沒去上大學，從高中就開始了自學之路，一頭鑽進對同性戀的研究，在沒有網路的年代，所有關於海內外同志及愛滋防治的法律及醫療資訊，都是他辛辛苦苦一頁一頁搜集來的。

台灣通過亞洲首部同性婚姻專法

　　投入同志運動30多年來，祁家威在媒體上幾乎都是形單影隻，尤其1980年代末到1990年初期，同志在台灣社會仍被高度污名化，祁家威卻以公開出櫃的同志身份，時而扮演耶穌，背著龐大的十字架在街頭呼籲防治愛滋，或者在身上掛上300個保險套，打扮成埃及豔后在車站發放保險套。他回憶這些過程時無奈地說到，遭受路人咒罵及譏諷是家常便飯。

　　數十年來，祁家威不斷挑戰台灣法律，抗議同性婚姻不被法律承

認，堅決的態度始終不曾退縮，直到2016年，台灣大法官正式接受祁家威的釋憲請求。2019年，台灣終於通過同性婚姻專法。

　　台灣同婚專法通過，祁家威30多年來的努力再次被公眾看見，他因此被稱為「同運教父」。祁家威說，他從不覺得自己為同志運動犧牲了青春，一路走來，他也從過程中得到了許多豐富人生的養分。

　　同婚專法通過後，祁家威並沒有因此停止他對同運支持的步伐。他認為，目前的同婚專法尚未包含完整的跨國婚姻權益及領養權，針對法案的「不完備」，他將會為台灣同志繼續爭取。

90年代的同志運動

　　上世紀90年代，台灣掀起一波民主浪潮。1987年政府宣佈解嚴，「黨禁」及「報禁」也陸續解除，眾多社會運動及學生運動組織在此時期紛紛宣布成立，同志運動及文化也在此時期跟著民主化過程蓬勃發展。

　　女同志團體「我們之間」於1990年代成立。

　　1995年，女牧師楊雅惠成立台灣第一個同志教會「同光教會」；國立中央大學「性別研究室」成立，研究並倡議性別人權。

　　1998年，第一個政府立案通過的同志團體「台灣同志諮詢熱線」成立。

　　1999年，第一個同志主題書店「晶晶書庫」在台北開幕。

　　文化活動上，1996年台灣有了首場公開的同志婚禮；同年，「我們一家都是G」同志廣播節目在高雄開播。同志題材的出版品《鱷魚手記》、《失聲畫眉》及《荒人手記》陸續拿到重要的文學獎項，已故記錄片導演陳俊志，拍攝青少年同志紀錄片《美麗少年》也拿到大獎。

　　到了1990年代中期，台灣同志運動可說是進入突圍時期；而第一家公開懸掛彩虹旗的同志公共空間「晶晶書庫」，1999年在台北市公館的巷弄內開張營業。

　　台灣近代的同志運動與女權運動有著緊密的關聯，這種發展脈絡與世界趨勢大致一致。一方面，當年女權團體很多工作者都是女同志，她們從過程中吸收女性主義理念，與此同時，女同志也將同志平權的價值帶進婦女運動，由於兩者對於平權的價值觀一致，於是在過程中相互交融，提攜共進。

彩虹族群帶動粉紅經濟

　　粉紅經濟（Pink Economy）是近年來興起的商業詞彙，是一種因應LGBTQ+族群而產生的新興經濟，產品小從一件印著彩虹旗的T恤，到針對同志群體設計的旅遊計畫，都算是粉紅經濟的產物。

　　在西方，粉紅經濟的沿革與同志運動有著密切連繫。上世紀初時，歐洲與美國即出現同志酒吧，這也算是粉紅經濟的濫觴，也在此時，同志運動開始在西方多個國家出現，例如一戰結束後的（西）德國，就曾經有相對蓬勃的同志運動跟粉紅經濟。

　　到如今，隨著歐美各國的法律、政策、社會對同志族群愈來愈友善，有經濟能力的同志願意進行更多為該族群量身訂製也更元化的消費

Grindr

　　2009年成立，名稱有「男性搜尋系統」（Guy+Finder）的意思，總部位於美國加州西好萊塢，為全球最大的LGBTQ+社交網路平台，原本是一個專為男同志設計的跨平台社交軟體，之後將服務對象擴大為LGBTQ+族群，服務內容有交友、找伴、約會和酒吧、餐廳、活動等各式需求，也提供LGBTQ+族群能相互交流、分享內容及經驗的網路空間。

形式，因此，粉紅經濟在同志友善國家逐漸成為一股不可忽視的消費力量。以全球最大的LGBTQ+社交網路平台Grindr為例，其在超過196個國家有3千多萬個用戶，日活躍用戶大於200萬，用戶黏著度甚至比FB還高。可見粉紅經濟的潛力有多麼巨大。

　　因為各種因素，使得LGBTQ+族群有著不同於主流異性戀的需求，而企業因應這樣的情況，乃投入研發產品、提供服務來滿足這個消費群體的需求，以使企業獲利，從而創造新世紀一波新崛起的火紅商機。

　　例如，過去社會較不注重男性外表，所以大多數異性戀男性並沒有使用化妝品和保養品的習慣。反觀許多男同志很早就開始使用男用洗面乳和乳液，受到同志族群「男生也該好好照顧外表」的影響，男性保養如今已成為一種日常，男用保養品也成為相當大的消費市場，其他像是旅遊、酒吧、夜店等休閒娛樂產業，也是粉紅經濟的大宗。

粉紅經濟非常重視顧客的使用經驗，並以此為利基點發展更深層的服務與產品，甚至在滿足LGBTQ+族群的需求後，藉由口碑行銷繼續將消費族群擴大，滿足一般民眾的消費需求，從而製造更大的市場商機。

粉紅經濟展現巨大潛力

根據資產管理及顧問公司「LGBT Capital」的調查，亞太地區同志人口估計達2.7億人，年度消費力則高達1.1兆美元。

隨著婚姻平權議題再次成為台灣社會焦點，LGBTQ+族群也成為資本市場的下一個藍海。根據調查，全球LGBTQ+人口約占總人口5%～10%，人數超過4億，年度消費力更高達3兆美元。

看好粉紅經濟的發展，2016年第一屆「粉紅經濟創業大賽」在中國熱鬧登場，60多個來自世界各地的團隊報名參加，最後由女同志交友軟體「熱拉」、專為LGBTQ+族群提供居住空間的「FUNX自由青年社區」和同志旅宿網站「Mister b&b」獲獎，並有四個團隊拿到投資意向書。

除了交友軟體，同志旅遊和住宿也是現下一大「粉紅」商機。根據華人地區極有影響力的同志公益網站「淡藍網」報導指出，LGBTQ+遊客在香港的年消費額約佔GDP的1.45%。而在歐洲，西班牙是最受LGBTQ+族群喜愛的旅遊地點，年消費額達到68億美元，大約是該國GDP的0.5%。

再看台北每年10月底舉行的同志大遊

行，2003年首屆遊行時參加人數僅約2千人，但往後每年參加人數皆持續上升，2019年我國通過同婚法，該年同志遊行人數吸引了破紀錄的20萬人上街同賀。每年台北同志遊行都會吸引許多來自歐美、香港、日韓等地的旅客前來參加，多年來已成功創造遊行周邊的餐飲、

交通和住宿等觀光收益。此外，以LGBTQ+族群為設計的保養品、理財、醫療、娛樂、婚宴等領域，也都已形成頗為可觀的市場規模。

其實，粉紅經濟在歐美早已不限於LGBTQ+族群。以世界三大藝術影展之一的柏林影展來說，其最盛大的活動之一就是專為LGBTQ+題材電影所頒發的「泰迪熊獎（Teddy Awards）」，影展期間，整座城市洋溢著友善開放的氛圍。

由於巨大的商機魅力，大企業也紛紛開啟進攻LGBTQ+族群荷包的模式。曾獲得「酷兒友善企業獎」的摩根台灣（J.P. Morgan Taiwan），在2014年推出的企業形象廣告中就將同志族群的元素置入其中。之後，摩根台灣也創金融業先例，成立同志友善社群「Pride」，不限性傾向皆可參加，除了公司內部的交流活動，「Pride」還會組隊參加同志遊行和對外舉辦多元職場論壇。另外，摩根台灣的員工不論是同性戀或異性戀，都享有同等的婚假和產假等具體福利。

隨著婚姻平權時代到來，掌握龐大的粉紅商機已成為當今企業的必修課。美國人權運動基金會（Human Rights Campaign Foundation）每年都會調查各大企業是否提供平等的職場環境，評分項目包括醫療保險、伴侶福利、與LGBTQ+團體的公開互動等，企業若想要掌握這波商機，以上這些都可做為深入耕耘LGBTQ+族群的借鏡。

CH5 藝文裡的同性戀

同性戀裡的藝文大咖

佛洛伊德在《性學三論》一書中提到：「同性戀並不是一種病態，在同性戀者身上看不到任何功能衰減的跡象，甚至他們還具有很高的文化修養和超高的智商。」這一觀點在同性戀藝術家身上似乎有著很好的印證。

放眼古今中外，很多享譽盛名的藝術/文學大師，都有著或多或少的同性戀情結。

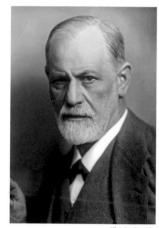

佛洛伊德

米開朗基羅：終身未娶，寫情詩給男模！

米開朗基羅（1475～1564）是義大利文藝復興時期偉大的繪畫家、雕塑家、建築家和詩人，堪稱文藝復興時期雕塑藝術最傑出的代表。

米開朗基羅終身未娶，不少人據此推斷他喜歡男人，而這些推測也並非空穴來風，他確實不怎麼愛女人。他與多個男模特兒有過情感糾葛，為他們寫下了許多動人詩篇。比如他曾花了整整一年時間在俊美卻早夭的布拉奇之墓上刻下詩句：「我卑微的軀體不再能享有你迷人的臉龐與美麗的雙眼，但任何力量都抹不掉你我共枕相擁時兩個靈魂相融所迸發的火焰。」

他的繪畫作品中少有女性，有的話也是豐腴、成熟的女體，他從未涉足青春少女的題材，更令人驚嘆的是，即便他在繪畫女體時，用的也

是男性模特兒。

　　他一生中最傾慕的對象無疑是羅馬貴族托馬索‧卡瓦切里。1532年秋天，23歲的卡瓦切里與米開朗基羅初次見面，他風度翩翩、高貴優雅，立刻引起了米開朗基羅對男人身體的敏感與近乎痴狂的愛戀，於是我們有幸看到〈大衛〉、〈摩西〉、〈奴隸〉組像、〈創世紀〉等一系列傳世之作。

　　初見卡瓦切里的幾個月內，米開朗基羅畫出了他最好的幾幅素描，內容全都來自希臘神話，有駕駛金馬車的法厄同；有被禿鷲不斷啄食肝臟的提圖斯；有為宙斟酒的美少年噶尼墨得斯。米開朗基羅在為義大利佛羅倫斯美第奇禮拜堂製作朱理亞諾公爵雕像時，據稱所雕的面部即是卡瓦切里的臉孔，由此可見米開朗基羅對卡瓦切里的眷戀。卡瓦切里對於藝術大師深切的情感付出也始終忠誠與感激，直到米開朗基羅彌留之際，卡瓦切里一直守在他的床前。

米開朗基羅

米開朗基羅的雕塑作品〈大衛〉

達文西：愛上大弟子，師徒關係模糊曖昧！

　　達文西（1452～1519），歐洲文藝復興時期的天才科學家、發明家、畫家，現代學者稱他為「文藝復興時期最完美的代表」，是人類歷史上絕少有的全才。

　　從16世紀開始，不斷有人質疑達文西的性傾向，關於他的傳世代表作〈蒙娜麗莎〉中的人物原型究竟是誰？曾引發無數人的猜測和想像。義大利文化遺產專家曾表示，該畫的原型人物可能是達文西的同性戀人兼首席大弟子卡普羅蒂！

　　1490年，10歲左右的卡普羅蒂進入達文西的家，在那之後的25年裡他一直都是達文西的學徒和模特兒，「卡普羅蒂」的名字後來改成了薩來（Salai），意思是「小魔怪」。達文西幾幅帶有情色意味的畫作即是以他為模特兒，在這些畫作中，以薩來為原型的人物都是身材勻稱、一頭卷髮、模樣柔弱的花美男造型。〈施洗者聖約翰〉、〈天使化身〉等其他畫作中也都能發現薩來的面部特徵。

達文西

　　1910年，佛洛伊德在〈李奧納多‧達‧文西和他童年的一個記憶〉一文中，用精神分析的方法闡釋了達文西的「禿鷹之夢」，並認為禿鷹用尾巴打他的嘴巴的行為是被動的同性戀童年幻想，而這個幻想是基於吮吸母親乳頭的記憶。

佛洛伊德認為童年期失去父親監護的孩子，因為受到母親的過分呵護，可以肆無忌憚地「戀母」，以免於獲得「閹割焦慮」，這說明幼童因為害怕父親與自己對母親的性感覺的競爭而產生敵意，進而實施自我閹割報復，這使其感染了一部分女性氣質。

而形成同性戀的關鍵則因為達文西跟父親在一起生活時，壓抑了他對繼母的性衝動，致使做為私生子的達文西模仿父親拋棄妻子的方式來對待自己的藝術作品，所以才

達文西傳世代表作〈蒙娜麗莎〉

會留下那麼多未完成的傑作，以此來躲避性壓抑。由於佛洛伊德的說法缺乏真實的史料記載，這一說法也引來外界的諸多質疑，但發生在1476年的「薩爾塔雷利事件」，可證明達文西是一名同性戀者。

1476年4月初，專門用來檢舉壞人的收納盒中收到一封匿名舉報信，信的內容如下：「我特此作證，有個叫雅科博·薩爾塔雷利的人，與哥哥喬瓦尼·薩爾塔雷利一起住在瓦凱雷奇亞大街的金匠店。雅科博約17歲，參與了多起猥藝的勾當，凡是有人要對他進行邪惡的事情，他都答應並滿足他們的需要。這件事他做過很多次。換句話說，他為很多人都提供過這種服務，那些人的底細我很清楚，現在我列出部分人的名字，我向天發誓以上所陳句句屬實。」告密者隨後列出了4位雅科博的同伴，其中就有達文西的名字。

這封信的一份被公證過的副本保存了下來，並在1896年時第一次被公開。雖然之前很多人知道達文西被控告過，但不知罪名是什麼。通過這份文件，達文西曾經的罪名被揭露了出來。達文西事後稱那位男子只是他的模特兒，最後他也被無罪釋放，有人認為，就算達文西真的是一位同性戀者，他與那位男子的關係也許真的只是畫家與模特兒的關係。

莎士比亞：贈詩美少年，性向終身成謎！

　　關於莎士比亞（1564～1616）性傾向的學術爭論已有多年，起源來自莎翁知名的十四行詩。在1609年發行的初版中，154首十四行詩中有26首被認為是寫給一名美少年（Fair Youth），也就是當年莎翁想將此初版獻給的「Mr. W. H.」（當年的出版未經莎翁同意），在第13首中，這名美少年被稱為「親愛的吾愛」，第15首中莎翁寫到「為了對你的愛，我與時間戰鬥」，並在第18首中流露出愛意：「我是否可以

莎士比亞

把你比喻成夏天？雖然你比夏天更加可愛，更加溫和」。

　　「Mr. W. H.」到底是誰？後世的研究認為最可能的應該是莎翁的好友兼贊助者南安普頓伯爵亨利・里奧謝思利（Henry Wriothesley），或是彭布羅克伯爵威廉・赫爾伯特（William Herbert），由於十四行詩的出版並未經過莎翁的許可，因此一般認為內容極為原始及貼近其生活本質。而在1640年「改版」的版本中，許多男性代詞變成了女性，美少年變成了黑暗女士，這改版常被相關學術討論認為是為了善意「隱藏」莎翁的性傾向。

　　除了十四行詩，關於莎士比亞性傾向的討論還包括他在戲劇領域的創作，在《特洛伊羅斯與克瑞西達（Troilus and Cressida）》中，莎士比亞直接提到了同性戀，且明確表示阿基里斯（Achilles）有個男性情人；另在《亨利五世》中，莎芙克伯爵和約克公爵在對方的懷抱中死去，也有著同性親吻的描寫。

　　知名的莎劇演員伊恩・麥克連（Sir Ian McKellen）也曾公開表示，莎士比亞的確結過婚也有孩子，但根據他對莎翁戲劇作品的研究，他認為莎士比亞確實是一名雙性戀者，「我會說莎士比亞和男人發生過性關係」、「在他的喜劇中，跨性別裝扮及偽裝的複雜性是極為巨大的」、「莎士比亞顯然享受和男人與女人做愛」。

柴可夫斯基：渴望成為他的奴隸、他的玩物、他的財產

　　19世紀俄羅斯偉大的作曲家柴可夫斯基（1840～1893），為世人留下〈天鵝湖〉等不朽樂曲，而除了音樂，他的性傾向也曾讓無數樂迷爭論不休。

　　柴可夫斯基生前留下逾五千封書信，其中許多書信藏於俄國西北部

柴可夫斯基

城市克林的「柴可夫斯基國家故居博物館」。由美國耶魯大學出版社出版的《柴可夫斯基書信集：揭開家族檔案》一書中包含「從未出版的大量家族信件」，其中大多數信件首度以英語版本面世，還原了俄國審查機構刪減的關於描寫柴可夫斯基具有同性戀傾向的段落。

柴可夫斯基經常在私人信件裡坦率地表達溫柔的心事或熱切的慾望，在一封從未以俄語或英語出版的信件裡，他毫無遮掩地寫出對一名年輕男僕的渴望：「我愛他遠勝愛其他人，我的老天，他真是個天使般的可人兒，我渴望成為他的奴隸、他的玩物、他的財產！」

在另一封信裡，柴可夫斯基提及遇到一位「美得驚人的年輕人」：「我們散步後，我拿了一些錢給他，他拒絕收下，他陪我散步是因為愛好藝術，並敬愛有鬍子的男人。」他從義大利寫給弟弟莫傑斯特的一封信裡，其中一個段落遭到官方審查刪減：「9點鐘時，我想散散步，於是就出門了。一些皮條客猜我在找什麼，不肯讓我清靜一下。他們用來引我上鉤的餌是討人喜歡的年輕人，我得強烈抵抗，因為那些誘餌確實吸引人。」

婚姻破裂，死因成謎

柴可夫斯基出生在沒落的貴族家庭，他從5歲開始學鋼琴，而且自

幼接受極好的基礎教育。1865年，柴可夫斯基畢業於聖彼得堡音樂學院，隨後任教於莫斯科音樂學院，這份教職讓他有充分的時間從事創作，他在隔年寫出g小調第1號交響曲《冬之夢》，後來又陸續創作經典樂曲《天鵝湖》與《胡桃鉗》等，他的作品旋律流暢多變，情感豐富，也因此被譽為「旋律之王」。

　　他在莫斯科音樂學院教書時，女學生米露可娃（Antonina Miliukova）以情書攻勢瘋狂倒追他，揚言非他不嫁，甚至以死要脅。兩人於1877年7月18日結婚，但他立刻就後悔了，甚至抑鬱到企圖自殺，最後逃到聖彼得堡，兩人此後就再也沒見過面。後來，柴可夫斯基開始和熱愛音樂的俄國鐵路大亨富孀梅克夫人通信，梅克夫人成為他的資助人，他的許多作品都是獻給梅克夫人，兩人密集的書信往來長達14年。後因梅克夫人公司破產，不再資助柴可夫斯基，柴可夫斯基大受打擊，獨自度過憂鬱的晚年。柴可夫斯基在1893年第6號交響曲《悲愴》首演9天後死於聖彼得堡家中，享年53歲。

柴可夫斯基紀念碑 ▶

毛姆：同性戀者對於美有著強烈的感知力

毛姆畫像

英國大文豪毛姆（1874～1965）說過，天賦在於一種獨特地看待世界的方式與自然的創造才能的結合，天才具有更偉大的才華和一種與世間萬物交融的感知能力。

毛姆一生不太公開他的性向問題，但他死前已是著名的同性戀/雙性戀作家，他在回憶錄裡說，「四分之一的我算正常（normal），四分之三的我卻很酷兒（queer），我一直試著說服自己，應該剛好相反。」

毛姆是在海德堡讀大學時第一次有同性戀的經驗，從此他在情感的問題上出現了不確定狀態。40歲那年，第一次世界大戰快結束時，他加入紅十字會在法國和比利時邊境的工作，認識了一位比他小20歲的美國義工哈斯頓，兩人陷入熱戀。

他曾經錯誤地以為，比起普通人，同性戀者觀察世界的視野應該會更狹隘，永遠不可能達到天才的巔峰。而隨著世人對同性戀的了解愈來愈多，毛姆更正了他的偏見，指出「同性戀者的一個特徵在於，他們對正常人忠實的某些事情缺乏深刻的嚴肅態度，他固執地看重大多數人覺得微不足道的事情，而又玩世不恭地對待在普通人看來對精神幸福至關重要的事情。他對於美有著強烈的感知力，特別是易於看到存在於裝飾中的美。」

三島由紀夫：用想像書寫，以滿足對男色的迷戀

　　日本一直以來都存在著巨大的社會控制能量，三島由紀夫（1925～1970）在日本的社會環境中，長期有著身分不明的曖昧潛在悲劇性質。他從小是一個不像男生的男生，無論在身體或心靈上都相對脆弱。他很早就發現自己迷戀男色，尤其是男性陽剛的肉體對他具有極大的吸引力。

三島由紀夫

　　由於承受著社會的壓抑，他的性傾向雖表現為迷戀男色，卻不曾真的和其他男人有愛情或肉體關係，他還刻意維持了「正常」的婚姻與家庭外表。對於男色的渴望，他一直保持為在文學上的想像，而不是具體反映在現實生活中。

　　從《假面的告白》到《青色時代》，再到《禁色》，他的小說中對於男同性戀有很露骨的描寫，那似乎正是因為不能在現實中尋求男色的滿足，使他必須在文學創作中進行發洩，用想像來滿足他對男色的迷戀，以維持自己「正常」的生活。

　　三島由紀夫從小身體孱弱，反向崇拜和自己完全不一樣的男體，小說《禁色》中出現的悠一正是依照西方古典雕塑中那種奇偉的體型描繪出來的。成年的三島由紀夫身形高大、輪廓清晰、仿如在健身房中鍛鍊出的體型，女人們對他的外表眩惑癡迷，可他偏偏不愛女人，最愛的是由自己的身體所象徵代表的那種男人。

悠一的態度也反映出這段時期三島由紀夫的心態——無法去愛戀男色對象，就將那樣的禁忌情感轉成自戀，努力將自己打造成原本羨慕追求的那種身形外貌。原本的衝動是向外尋找彌補自身匱乏的補償，現在轉而向內去創造、加強自我的男性陽剛特質，於是愛戀者與被愛戀的形象合而為一。

　　這個被川端康成形容為「兩、三百年才出現一次的才能」的早慧的文學青年，在盛年時因持武士刀闖入東京市谷的陸上自衛隊東部總監部的總監室中，挾持總監為人質並違法佔領總監室，在自衛隊人員逮捕他之前毅然切腹自殺，結束燦爛炫目的一生，得年僅45歲，後人評價他這次行動是「對時代的憤慨之死」，也是「思想上的死諫」。

安迪・沃荷：放蕩不羈的藝術奇才，對性傾向毫不掩飾

安迪・沃荷

　　將普普藝術風潮推向巔峰的安迪・沃荷（1928～1987），放蕩不羈的形象在美國幾乎無人不知，他和文學家杜魯門・卡波蒂（Truman Garcia Capote，1924～1984）秘密訂婚十年，每日一封書信魚雁往返，相互以裸照為信物。

　　安迪・沃荷被譽為20世紀藝術界最知名的人物之一，他還是電影製片人、作家、音樂人、出版商，堪稱紐約社交界、藝術界的明星式藝術家。許多人認為安迪是位無性戀者（既不愛女也不愛

男），單單只是一個窺陰癖者，但這個傳言已經被其傳記作家及藝術歷史學家理查・梅爾（Richard Meyer）推翻。

沃荷本人是雙性戀者，他對同性戀的態度坦誠而自由。他創作了大量色情攝影作品以及描繪男性裸體的畫作，他的許多著名的電影作品也關注了男同性戀地下文化或者公開探索了人類對性與慾望的複雜渴望，他的很多電影的首映是在男同性戀色情劇院舉行。

在《沃荷的哲學》（The Philosophy of Andy Warhol）一書中，沃荷說，「對於那些花上一輩子時間試圖成為女孩的男孩，我感到深深著迷，因為他們得付出那麼多努力，才能除去那些泄漏機密的男性特徵，並換取所有的女性特徵。我的意思不是說這樣做是正確的，我不是說這是個好主意，我不是說這麼做不算是自我挫敗並自我摧殘，我也不是說這不算是一名男性對於自身所能做到的最最荒謬的一件事。我要說的是，這是件極為辛苦的差事。這一點你不能否認。」

紐約現代藝術博物館典藏安迪・沃荷〈瑪麗蓮・夢露波普藝術〉

沃荷將「性」定義為一種填補心靈空白的行為，他曾經說：「愛與性可以搭在一起，性與不愛可以搭在一起，而愛與不性也可以搭在一起，但自愛與自性則不好。」他同時認為「綺想式性愛遠勝於真實的性愛。永遠不去做是非常刺激的。最撩人的吸引力來自從未相遇的兩極。」

　　沃荷對性解放的看法也極具前瞻性，在1968年他拍攝的電影《Fuck》中，沃荷表達了他對性解放的看法。片中演員韋瓦（Viva）和路易斯・瓦登（Louis Waldon）發生真正的性關係，但影片中一大部分時間他們都在討論越戰、做菜和淋浴。沃荷說：「我一直希望拍一部純粹關於性交的電影，沒有任何其他的東西。就像吃就只是吃，睡就只是睡一樣，所以我拍了這部關於兩個男人性交的電影。」

　　以上這些藝術大咖有些公開出櫃，有些在一生中都隱諱其性傾向，他們是不是同性戀？後人也許能通過他們留下的作品和一些野史來進行推斷，但推斷有多少可信度，我們無從得知，只能在茶餘飯後各自想像，但這些大師各以其特殊的美學眼光以及卓越的藝術才能，或許也加入一點異於常人的同性情懷，才讓他們的作品充滿美的意境而成為經典，並得以傳世。

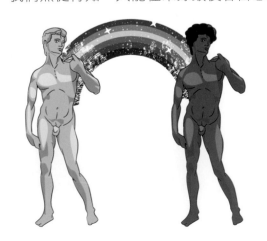

文藝復興時期的男男之愛

　　英國文學評論家凱薩琳‧貝爾喜（Catherine Belsey）將文藝復興時期的男性情誼與法國騎士文學傳統做了比較，她表示，在騎士文學中我們總可以發現：一個少年與另一名更為年長的少年結盟，一同遊歷冒險，也一同尋找妻子。這樣的法國文學傳統與文藝復興時期文學可說是一脈相承。古典文學作家茱莉亞斯‧勒斐（Julius Walter Lever）發現，從16世紀末期開始，強烈的男性情誼成為英國文學顯而易見的主題，從伊莉莎白時期的十四行詩到莎士比亞的戲劇，男男之愛從未受到壓抑，反而是形塑文學的情慾主體。但有一點我們必須要知道的是，文藝復興時期的男男性關係與我們現如今的同性戀在本質上是有差異的，「同性戀」在當時還沒有成為一種被標示的性別身份。

法國性學家麥可・傅柯（Michel Foucault）在《性的歷史》（The History of Sexuality）一書中曾指出，「同性戀」是在19世紀透過醫學、心理學與精神分析論述所生產出來的一種情慾分類。也就是說，在早期的西方，親密的男性關係並不會立刻被視為「同性戀」，同性社交關係也因此不像當代社會一樣受到各種規範。對於文藝復興時期的男人來說，從獻給彼此的詩歌文藝創作，到同床共枕的身體親密接觸，在各階層社會都是相當普遍的事。

　　「愛」在那時指的並不等同於今日對愛戀的表述，而是指同性社交關係中的情誼交換。這也是為什麼男人不只「愛」男人——事實上，就社會地位而言，男人「必須」愛男人。且在當時並不被視為與男人對等，只被當做「不完整的男人」看待，且被認為是誘惑，是使男人被迫陰性化的潛在威脅。對當時的男性來說，受到激情誘惑進而失去（陽性）理智，其實是一種「陰性化」的表現。

　　文藝復興時期的男性情誼因此而得以與對女性（或陰性）的壓抑共存，男人「愛」男人是因為在這個理想化的男性情誼神話中，沒有留給女人的位置，所以在這樣的歷史脈絡之下，「愛」與「慾望」兩者的定義非常模糊，甚至可以說很難區分，而這雖帶給人困惑，同樣也提供不少方便。

為什麼世界級的
服裝設計大師多是GAY？

　　服裝設計需要強大的審美和細膩的情感，這兩者都是女性特有的天賦，如果一個男性在這方面有特別突出的才能，性格靈魂就容易女性化，而同性戀者的思維是既有男性的執著理性，又有女性的細膩感性。這兩種特質的結合，使許多同性戀者具有得天獨厚的藝術天賦。國際服裝大牌如LV、Gucci、Dior、Chanel、Versace、Giorgio Armani、Yves Saint Laurent、Balenciaga、Givenchy等，他們的創始人或者王牌設計師，都是gay。

1.卡爾・拉格斐（Karl Lagerfeld）/法國

相關品牌：Chanel、Fendi

號稱時尚界的「凱撒大帝」，因為名字的法語發音和「老佛爺」相同，所以也被稱為「老佛爺」。他前後擔任過Chloe、Fendi、Chanel的品牌設計師，後來推出了自己的同名品牌Karl Lagerfeld。他是一個像達文西一樣的全能天才，終生未婚，曾與法國名流、世家公子雅克・德・巴舍爾（Jacques de Bascher）相戀。他們在1970年代時相識，那時雅克19歲、卡爾37歲，

圖片來源：網路

兩人的戀情一直持續到1989年雅克因為愛滋病過世才終止。

2.克麗絲汀・迪奧（Christian Dior）/法國

相關品牌：Christian Dior

Christian Dior的品牌創始人，迪奧先生的同性愛人是他的童年好友和合作夥伴賽爾日・愛夫特爾-路易什（Serge Heftler-Louiche），賽爾日曾在某個晚上對迪奧先生說：「不是所有女人都穿得起你的衣服，那麼就讓她們至少用得起你的香水吧！」故事的結局是Dior王國裡多了一個至今仍是最賺錢的香水部門。迪奧先生不管是事業還是感情，都深深依賴賽爾日，這份感情直到離世都還割捨不下。

圖片來源：網路

3.凡賽斯（Gianni Versace）/義大利

相關品牌：Gianni Versace

Gianni Versace品牌創始人，他和同性愛人安東尼奧‧迪亞米哥（Antonio D'Amico）相遇於1982年，迪亞米哥是一名帥氣的黑髮青年模特，一年半後兩人成為戀人。當時，同性戀並不廣為社會所接納，但身為名人的凡賽斯仍以極大的勇氣成為最早一批公開出櫃的設計師；1995年接受採訪時，凡賽斯更是勇敢地介紹「迪亞米哥

圖片來源：網路

是我十幾年的伴侶，生命中極為重要的人」。凡賽斯在1997年時被自己妒火中燒的同性戀人在美國邁阿密自宅門前槍殺身亡。

4.聖羅蘭（Yves Saint Laurent）/法國

相關品牌：Christian Dior、Yves Saint Laurent

聖羅蘭是擅長玩弄色彩的時尚大師，他與同性男友皮爾‧柏格（Pierre Bergé）在1961年時共同創立YSL，聖羅蘭不善言辭及交際，皮爾則是一個頭腦靈活、善於經營的商人，他把「痴心於時裝創作而忘掉其他一切」的聖羅蘭從各種煩瑣的商業活動中解放出來，使他能全身心地在時裝藝術的創作王國裡馳騁遨遊。兩個人一個負責設計，一個則把最好的設計變成最好的商品。工作中的合作也

圖片來源：網路

促成了他們的「結合」，兩人都公開承認對方是自己的同性情人。

5.亞曼尼（Giorgio Armani）/義大利

相關品牌：Giorgio Armani

Giorgio Armani的掌門創始人，他和同性密友塞吉歐‧加利歐帝（Sergio Galeotti）1966年時在托斯卡尼海濱的豔陽下相識，那時亞曼尼32歲，擔任建築製圖師的加利歐帝21歲，二人迅速陷入愛河，不受職業、年齡、性格差異的影響，此後兩人形影不離，攜手共度近20年。亞曼尼負責設計，加利歐帝負責招商引資，一起創立了

圖片來源：網路

Giorgio Armani時裝帝國。1984年，年僅40歲的加利歐帝不幸被診斷出HIV陽性，一年後與世長辭。

6.亞歷山大‧麥昆（Alexander McQueen）/英國

相關品牌：Givenchy、Alexander McQueen

英國設計天才，他從來沒有隱匿過自己是同性戀的事實，31歲時與24歲的記錄片導演喬治‧弗西斯（George Forsyth）在西班牙伊比薩島舉行遊輪婚禮。

除了同性戀人，麥昆一生中還有兩個重要的女人，一個是他的母親，一個是著名的時尚編輯布洛（Isabella Blow）。布洛於2007年逝世，她的死讓麥昆陷入了憂愁，2010年他的母親也病

圖片來源：網路

逝，經受不住打擊的麥昆於兩天後也選擇自縊身亡。有人說布洛是麥昆的真愛，而壓垮麥昆的最後一根稻草，還因為他有著深厚的戀母情結。

7.湯姆・福特（Tom Ford）/美國

相關品牌：Gucci、Yves Saint Laurent

被稱為「世界上最性感的同性戀男人」，他與愛侶理查・巴克利（Richard Buckley）於2014年結婚。福特從不諱言與巴克利是一見鍾情，他曾表示：「理查和我也許是命中註定，那種感覺就是當你凝視愛人雙眸的那一刻，你忽然覺得你們已經認識很久了，那是一種歸心似箭，回到家的感覺。」兩人攜手走過35年，儘管巴克利花名在外，福特多年來仍不離不棄，盡心呵

圖片來源：網路

護他的愛人，而當年那一部由福特執導的電影《摯愛無盡》（A Single Man），據說就是他寫給巴克利的私人情書。

8.馬可・雅各布斯（Marc Jacobs）/美國

相關品牌：Louis Vuitton

法國品牌LV路易威登的設計總監，曾為小男友傑森・彼得森（Jason Preston）瘋狂減肥。2019年，55歲的雅各布斯與小他18歲的男模查理・迪佛蘭西斯科（Charly Defrancesco）在紐約舉行婚禮。雅各布斯其實不是第一次結婚，他過去曾與一名巴西廣告公司主管結婚，但婚姻僅維持了4個月，後來也曾與巴西同志情色片男星有過

圖片來源：網路

一段情。雅各布斯與迪佛蘭西斯科相識於2015年，很快他便甜蜜地公開戀情，此後兩人更經常出雙入對曬恩愛，最終修成正果結為連理。

女同藝術家，隨著上世紀80年代女權復興而漸被世人關注

不得不承認，新世紀以前，廣為人知且藝術地位崇高的女同性戀可說少之又少，並不是因為女性的藝術天分天生就比較差，而是在於在封建保守的年代，女性的才能是被壓抑的，她們的成就經常被刻意掩蓋，使得她們的故事被流傳的很少，這種情況一直到上世紀80年代，由於具象藝術復興，再加上女權、性別研究，特別是LGBTQ+研究的興起，女同藝術家的名字才較多被呈現在世人面前。

羅曼尼‧布魯克斯

現代繪畫史上第一個女同性戀藝術明星——羅曼尼‧布魯克斯（Romaine Brooks），在一百多年前她就剪短髮、穿男裝，還和另外兩個女性組建了非傳統的家庭，她是女權主義者，她的畫呈現了真正的新女性形象。

羅曼尼（原名Beatrice Romaine Goddard）
1874年出生在羅馬一個富裕的家庭，儘管如此，
她卻有著悲慘的童年。父親很早就拋下妻子和三
個孩子，母親精神非常不穩定，於是在情感和
肉體上虐待小女兒羅曼尼，卻無比溺愛患有精
神病的大兒子。6歲時，羅曼尼被母親寄養在紐
約貧民窟的洗衣女家裡，後來她被送進如監獄般
的義大利修道院學習。

　　而悲慘的童年日後卻成為羅曼尼窺視藝術世界的窗口。她不斷地被
拋棄、被傷害，令人心碎的悲慘經歷讓她很難相信任何人，還好堅強
的羅曼尼沒有被命運打敗，對繪畫的熱愛給了她活下去的力量。終其
一生，她都以藝術家的身份來遮掩自己內心脆弱的一面。

　　羅曼尼離開修道院後，拿著母親每個月寄給她的微薄生活費到羅馬
學習藝術，後來又搬到生活費更低的卡布利繼續學習，靠著賣畫和做
裸體模特兒勉強維持生計。

　　作為班上唯一的女學生，羅曼尼不得不忍受男同學們的騷擾。18
歲那年，羅曼尼離開義大利，來到歐洲文化中心巴黎繼續學習繪畫，
儘管生活艱苦，她從來沒有放棄成為藝術家的理想。

　　母親去世後，羅曼尼得到了一筆數額巨大的遺產及世界各地的多處
房產，經濟的獨立無疑給了她盡情探索藝術的自由。

　　羅曼尼與先生約翰（John Ellingham Brooks）是在卡布利島上認
識的，一戰前，卡布利島上住著許多富裕的同性戀。儘管早在修道院
時期羅曼尼就知道自己的同性戀性向，還是在1902年時嫁給了同性戀
鋼琴家約翰。

雖然自己也是個同性戀者，但約翰卻希望羅曼尼做個傳統意義上的賢妻良母，這使得兩人的婚姻關係很快出現問題，羅曼尼剪了短髮，開始穿男裝，隔年，羅曼尼逃到倫敦，永遠地離開了約翰，約翰則和英國作家班森（E.F. Benson）在這裡同居，而這場短暫的婚姻留給了羅曼尼「Romaine Brooks」這個名字，離婚後她終於獲得渴望已久的自由，住在倫敦的那段期間，羅曼尼接觸了不少英國前衛藝術家的作品，為她日後的藝術創作加添了豐富的養料。

　　1905年，當畢卡索、馬蒂斯等窮畫家都在房租低廉的蒙馬特及左岸的蒙帕納斯（現如今已成為巴黎主要的藝術中心）找畫室時，羅曼尼在塞納河左岸的富人區買了一個大公寓。她對音樂、藝術和室內裝飾的高雅品味吸引了眾多藝術資助人的注意力，這些藝術資助人中有許多是身為沙龍主的貴夫人。

　　羅曼尼很快成為美國女繼承人薇娜麗塔・辛格（Winnaretta Singer）的情人，辛格雖然嫁給了一位法國王子，但他們的婚約是所謂的「薰衣草婚姻」（一方是男同性戀，另一方是女同性戀）。富有的辛格是著名的沙龍主，她是音樂家德布西和拉韋爾最大的資助人。羅曼尼透過辛格認識了許多音樂家、畫家、作家、舞蹈家。

　　1909年，羅曼尼遇到了改變她藝術與生活的人：義大利詩人、作家加布列・鄧南佐（Gabriele D'Annunzio），這個品味卓越的花花公子因為在政治上的激進思想，被認為是法西斯頭目墨索里尼的思想先驅。鄧南佐和羅曼尼一樣認為色彩簡約的藝術品反而能表達更多，正是在藝術上的共鳴，使兩人成為終身摯友。

　　當羅曼尼還是個在義大利學畫的窮學生時，她曾臨摹過義大利佛羅倫斯烏非茲美術館的一幅《年輕男子肖像》，她一開始覺得畫裡的年輕

男子像她自己，後來又覺得不像了。在她拒絕成為鄧南佐的情人後，她把這幅畫送給了他。

1910年，羅曼尼第一個個展在著名藝術商保羅・杜蘭德・魯爾（Paul Durand-Ruel）的畫廊裡舉行，展覽取得了巨大的成功，她也開始在巴黎藝文界嶄露頭角。

羅曼尼的第二個重要情人是出生在俄國的猶太裔舞蹈家伊達・魯賓斯坦（Ida Rubinstein）。一戰爆發時，羅曼尼和伊達正在瑞士度假，為此，她們馬上趕回法國。伊達把自己的別墅改

《自畫像》，1923 年，油畫。

造成醫療站，還親自穿上護士服幫助救治傷員。1914年，羅曼尼以伊達為模特兒創作了《法國紅十字》，畫中眼神堅定的伊達是英勇的紅十字會護士，背景則是被戰火摧殘陷在烈焰中的法國城市。兩人的戀愛關係雖早在1916年結束，伊達仍始終是羅曼尼創作靈感的源泉。

在自畫像中，羅曼尼雌雄難辨，她穿著自己設計的男裝、戴著禮帽和手套，背景是陰沉的天空下模糊的海岸和城市建築，畫中可見的鮮艷顏色就只有胸口的紅色勳章和紅唇。

作為一個女同畫家，羅曼尼不僅重塑了女性藝術家的地位，還和她的伴侶們重塑了傳統的家庭組成形式。

和伊達分手後，羅曼尼認識了娜塔莉‧巴尼（Natalie Barney），她們的愛情一直走到生命的盡頭。娜塔莉出生在美國一個富商家庭，她的畫家母親是王爾德的朋友。娜塔莉自己不僅是散文作家，也是重要的藝術贊助人，她的沙龍更是「迷惘一代」作家們的巴黎大本營。娜塔莉是公開的同性戀，早在1900年她就以真名發表了寫給女性的情詩，並稱這樣的「醜聞」是趕跑男性追求者的最佳方式。

娜塔莉有錢有才有美貌，時髦且離經叛道，她是個和平主義者，也是個女權主義者，她反對一夫一妻制，從詩人、畫家、小說家到舞蹈家，她和藝文圈裡每個女同性戀或雙性戀者都在一起過，豐富的情感生活為她的文學作品帶來不少靈感。

羅曼尼和娜塔莉在一起時，娜塔莉已經和伊莉莎白公爵（Lily de Gramont）維持了多年的情侶關係。羅曼尼的介入並沒有打破她們的關係，她們三人建立了平等、開放的三角關係，只不過在這個她們稱為「婚姻」的關係裡，沒有一方是第三者。

伊莉莎白公爵、娜塔莉和羅曼尼都有自己的住處，也分別有過許多情人，但她們對這個特殊的家庭都投入巨大的感情，「沒有哪一對的結合像我們的關係這

《烏貝托‧斯特羅齊公爵》，1961年，油畫。

般牢固，這般柔情，這般長久。」

　　羅曼尼稱娜塔莉為「亞馬遜人」，一個在男性世界裡闖蕩的女鬥士，兼具柔美與大膽，是個真正的新女性。她們三人的感情克服了嫉妒，在別人看來非同尋常的關係，卻給了羅曼尼從未體會過的快樂與溫暖的家庭生活。

　　1920～1930年代是羅曼尼創作的巔峰時期，這段時間她為圈內的女性畫了許多肖像畫。她說，「這是1880～1935年間所有著名女同性戀的終極畫廊」，或妖媚、或威嚴、或陽剛、或柔美，通過羅曼尼的作品，世人得以窺視「La Belle Epoque」（意為「美好年代」，是歐洲社會史上的一段時期，大約從1880年開始至第一次世界大戰爆發而結束）時期文化圈的女同性戀面貌。

　　羅曼尼在20世紀初就開始剪短髮、穿男裝，到了1920年代中期，留短髮、穿訂製西裝成了一種風尚，對羅曼尼和她的朋友們來說，穿男裝不僅僅是為了趕時髦，也是公開自己

彼得（一個年輕的英國女孩），1923-1924年，油畫。

伊達・魯賓斯坦，1917年，油畫。

性取向的一種方式，當然，後一種暗示只有圈內人才看得懂。

　　瑞克里芙・霍爾（Radclyffe Hall）稱得上是羅曼尼圈內最出色的作家，她的小說創作《寂寞之井》講述了一位女同性戀在經歷自我掙扎後，又不得不面對社會種種不公的故事，堪稱史上第一部描寫女同性戀故事的名著。雖然書中沒有露骨的性描寫，這本書在英美等地出版後還是被查禁，出版商甚至因道德罪被傳喚至法庭。

　　王爾德的侄女多麗・王爾德（Dolly Wilde）也是娜塔莉的情人之一，她在距離1895年王爾德因「雞姦罪」入獄僅30年後就以真名出版同性戀小說。

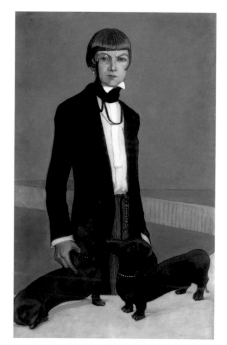

《烏娜，特魯布里奇夫人》，
1924年，油畫。

　　二戰之後，羅曼尼幾乎停止了創作，她變得愈來愈孤僻，過起了幾乎與世隔絕的生活。1961年，87歲的羅曼尼完成了生命中最後一幅油畫；1970年，她以97歲高齡在法國尼斯去世。

　　去世時，她的名字鮮為人知，然而作為女性，特別是女同性戀畫家，難以在主流藝術史立足並不是什麼大新聞。這種不平等直到1980年代具象藝術復興，再加上女權、性別認同，特別是LGBTQ+研究的興起，「Romaine Brooks」這個名字，才得以重新被世人關注。

同性戀者和藝術的特殊緣份

米開朗基羅的《埋葬》

　　有評論家說，世界上有兩個少數民族為新世紀人類文化的發展做出了超凡貢獻，其中一個是猶太人，另一個則是同性戀者。

　　藝術界一直以來都是西方同志的樂土，甚至當某人在藝術領域有傑出表現時，關於他是否是同性戀者的猜測也會跟隨而來。藝術為何對同性戀者「情有獨鍾」？其實，這是有跡可循的。

首先，與其他行業相比，藝術是一種高度依靠個人化和主觀表達的工作，也就是說，藝術家可以把自己的情感在作品和表演中有意識或無意識地表露出來，而在其他專業領域，如自然科學和多數社會科學，工作者很難將自身的感受摻入對客觀現實的研究，因此，他們的性傾向與專業成就不會有太多直接關聯。

　　第二，藝術是一種注重「表演」的行業，與一般產品不同，藝文作品不僅具有觀賞的價值，且能夠呼喚起觀賞者內在的感情，因此藝術家在觀眾眼裡往往具有一定的明星效應。在明星效應的影響下，藝術家的私生活往往會被攤開在陽光下，使他們更受到人們的注目。

　　第三，藝術的永恆性價值使藝術家更容易博取千載盛名。比如達文西的畫和莎士比亞的戲劇，至今在世界各地還是有很多人追隨，這些藝術作品也因為被廣泛傳誦，其價值歷經時間的錘鍊益發璀璨耀眼。

　　第四，藝術創作往往追求極致的表達，這種兼具男性「宏觀博大」特質與女性「微觀細膩」特質結合的表現方式，使許多兼具這兩種性格特質的同性戀者獨具有這種藝術天賦，可以說，不是藝術成就推高了同性戀者的造詣，而是同性戀者得天獨厚的天賦使其在藝術領域更具有表現的機會，讓他們追求藝術的慾望也比一般人來得更為主動與強烈。例如上世紀男芭蕾舞大師尼金斯基（Vatslav Nijinsky，1890～1950）和紐瑞耶夫（Rudolf Nureyev，1938～1993），他們都是同性戀者，而西方時裝界長期以來由男同性戀者主導，也是基於同樣的理由。

　　另一個重要的原因是，藝術發展通常只有在言論自由的時空才能取得，例如歐洲文藝復興時期所取得的巨大成就就是因為當時人們掙脫神權統治，解放思想的結果。因為崇尚自由，使藝術界人士對「另類」和「異類」本來就有較高的接納與認同，也因此，在那些同性戀被視為犯

罪或病態的時期和國家，藝文界往往成為同性戀者的「避風港」。

雖然很多同性戀藝術家根本不創作明顯的同性戀主題作品，但作品中的人物往往受作者的性傾向影響。例如米開朗基羅的雕塑與繪畫中的男性形像極為動人，而其創作的女性形像往往是被「男性化」，在美感上相對就比較遜色。可以說，米開朗基羅如果沒有同性慾望，他的創作就沒有那麼高的審美價值，也許就不值得流傳後世了。

而除了繪畫及文學/電影等具象藝術，有的藝術形式則讓人無從推想創作者的性傾向，例如音樂。作為一種聽覺藝術，音樂不會洩露出創作者的性傾向，但與有相同情感的同性戀者在欣賞同性戀音樂家的作品時可能會有特別感觸，例如柴可夫斯基的《悲愴》交響曲，其中所流露的強烈的淒美與絕望，往往使對作曲家生平有所瞭解的同性戀者產生共鳴，而這種感觸與其他欣賞者對音樂的體會存在著極大的不同。

米開朗基羅的
《垂死的奴隸》

因此，西方各大樂團中同性戀樂手多不勝數，例如美國著名的作曲家薩謬爾·巴伯、艾倫·科普蘭、萊昂納德·伯恩斯坦和約翰·凱奇，以及英國的班傑明·布雷頓，鋼琴家馮·克萊本和厄爾·瓦爾德，以及被稱為「最後的大師」的烏克蘭鋼琴演奏家維亞托斯拉夫·里克特等，他們的性傾向在音樂圈內幾乎無人不知，他們也從不避諱，而這絲毫無損於他們在音樂領域的傑出成就。

保守的日本人為何酷愛BL？

　　日本最早的詩歌集《萬葉集》中記載了同性相互回應的和歌，今日許多學者認為這些內容表現了許多同志情誼。以下幾則同性間相互回應的和歌譯文可作為參考：

　　（第一段）「若君為飾玉，我必緊握兮。共聞杜鵑鳴，無處不同行。」

　　（第二段）「君似撫子花，引我朝朝盼。」

　　第一段是奈良時代（710～794）著名的歌人大伴家持所寫，第二段的回覆則是同族的大伴池主。當時家持獨自前往越中赴任，池主成為他的助手，兩人以和歌唱應往來時間長達10年，留下殊堪玩味的作品50首。令人稱奇的是，文中的用詞是當時男女互相稱呼的第二人稱代詞，這兩個大男人寫給對方的和歌，就好像男女間的情詩一樣。

　　之後，大伴池主被調離越中，又寫了一首和歌給家持，家持也回了一首：

　　（大伴池主）「櫻花盛咲人言喜，然我孤寂因無君。」

　　（大伴家持）「故府花未放，待君返共賞。」

　　這樣以男女口吻互相唱和的和歌，一直以來只被當成是友情，但近年來有愈來愈多學者認為唱和的兩人應該不只是單純的友情關係。

中世後日本對同性戀的接納

　　安平時代（794～1192）後期開始，日本貴族間的同性愛慕之情在社會上已經是見怪不怪，這讓聲名遠播的耶穌會傳教士沙勿略初訪日本時頗為震驚。他在晉見大名大內義隆時，憤怒痛斥日本人犯下的同性戀跟拜偶像的罪刑，稱這種罪孽簡直汙穢至極。沙勿略也因此吃了閉門羹，更被許多佛教僧侶恥笑，其言論也不受到當地人民歡迎。

　　到了戰國時代（1467～1615），日本全國陷入兵荒馬亂，人命隨時可能不保，在這種時空背景下，同性間發展出特殊感情的機會大為增加，最著名的莫過於《武功雜記》中記載的一場愛戀解決的戰爭。當時會津的大名蘆名盛隆是有名的美少年，在一次會戰中竟然迷倒了敵方大將佐竹義重，意亂情迷的義重寄來了許多封情書，對盛隆展開瘋狂追求，久而久之盛隆也墜入愛河。得益於這場戀情，敵對的雙方最終握手言和，免除了一場可能帶來腥風血雨的殺戮。

江戶以後的大眾化同志文學

　　到了江戶時代（1603～1867），同性戀文學已成為大眾文化的一部份。有「日本近代文學巨擘」之稱的井原西鶴，他的小說《好色一代男》在當時瘋迷大街小巷，一時洛陽紙貴，

其主人公世之介可以說是縱情聲色的放浪代表，一生玩弄過3742名女性、752名男妓，從此可見江戶時代對同性戀的開放與接受。

井原西鶴還有另一本巨作《男色大鑑》，這不像《好色一代男》一樣著重在描寫情慾及肉體之親，而是一部專注在男性間「柏拉圖式純愛」的BL小說。

在西鶴那樣的時代，同性戀雖然被大眾接受，但明治時代（1868～1912）以後，以基督教為核心的西方文明價值觀被帶入日本社會，男同性戀頓時被當成舊時代不文明的糟粕，必須除之而後快，因此開始被日本社會視為禁忌，然而，儘管同性之愛一時被壓抑，但它在日本社會卻從來沒有消失過。1951年，日本第一位獲得諾貝爾文學獎的作家川端康成在其自傳體小說《少年》中做了這樣的告白：

「自幼父母雙亡，與孤獨同行的我，從眼神清澈，讓我在也不軟弱的少年『清野』那裡得到了慰藉。我的眼睛睜大了起來，竟然有這樣的人啊！真是不可思議，因為他的存在，讓我感到自己的一切都被認可，

◀ 宮川的《武士之吻》畫作，1750 年。
武士和男友之間的南食式幽會。
（圖／翻攝自維基百科）

BL

　　Boy's Love的首字縮寫，是描寫男性間戀愛的創作類型，包括動畫、電子遊戲、漫畫、小說、Cosplay等，一般專指日本或受日本影響的作品，而不包括源自中文世界或西方國家的同志文學或其他男同性戀作品。

日本同性戀漫畫（圖片來源：Google 圖書）

因而感到自由。讓我能放飛自我，坦然面對一切。只要還做為一個活著的人，那份在心裡的思念是不會消失的……」

　　最後，川端康成寫道：「那是我人生中最初的愛，我想那或許可以說就是我的初戀吧！這份愛，溫暖了我，洗淨了我，進而拯救了我……」

　　川端康成用平實的文字，記錄了自己少年時期一段單純而跨越性別限制的愛戀。

CH6 同性戀
情慾 與 性愛

性別重置：他 ⇌ 她

　　得力於網路科技日新月異，為自媒體的興起推波助瀾，國內外都吹起一波網紅熱潮，2008年開始在台灣嘗試跨性別打扮，並利用這樣的反差把自己扮醜或搞怪的影片上傳到網路平台的網紅小A辣，乘著風勢成為在臉書擁有百萬粉絲的偽娘天后。成名後，小A辣看著身邊來來往往的盡是漂亮的網紅、貌美的藝人，甚至許多小模顏值也都很高，不免起了仿效之心，再加上太愛男友（屬於同性之愛），於是開始動了做整形手術的念頭，在做與不做、該怎麼做的思考過程中經歷艱難的身心掙扎，最終，他鼓起勇氣，冒著「生命危險」，遠赴泰國做變性手術，從「他」變為「她」，如今的她，雖然已與男友分手，但春風得意，演藝生涯也愈來愈紅火。

靈魂裝錯了身體

　　跨性別者（transgender）雖然小眾，卻是一個範圍相當廣泛的族

群，這些人跨越或超出了社會所定義的性別分類，簡單地說，他們的性別認同與性別表現與他們出生時被認定的性別不一致。

許多跨性別者從小就感受到了自己的性別表現與原生性別不太一樣，其中一部份人進一步符合醫學中的「性別不安」（gender dysphoria）或「性別不一致」（gender incongruence）診斷。性別不安者可經由荷爾蒙替代療法、整形手術、性別重置手術（俗稱「變性手術」）、或各種心理健康治療來減輕其不安，最後經由變更身分證性別的方式，取得與自我性別認同一致的法律身分。

原發性變性慾症患者則是在心理上無法認同自己與生俱來的性別，甚至厭惡自己的性器官，是性別認同障礙的一種。隨著年齡增長，這種轉換性別的慾望如果進而影響身心健康，一般就會考慮進行變性手術。在台灣，要進行變性手術需要符合以下三項條件：

1.年滿20歲。

2.取得父母同意書。

3.通過兩位精神科醫師的評估鑑定。

性別重置（變性）手術

1.男變女（Male to Female，MTF）

下半身：陰莖的大部和睪丸被切除，陰莖頭連同陰莖背神經被保留下來，做成陰蒂，陰囊縮小後成為大陰唇，前尿道的一部分被改成小陰唇和陰道前庭，殘留的

包皮則反折後做成人工陰道，將末端固定在骨盆。

上半身：通過腋窩切口植入乳房假體形成乳房，喉結明顯的人可以將部分甲狀軟骨切除。有些男變女的變性人為了讓外觀更趨於完美，有時還會做一些面部整形手術，例如前文提到的台灣網紅小A辣，就做了臉部削骨及俗稱「螞蟻腰手術」的肋骨成形術。

2.女變男（Female to Male，FTM）

上半身：把乳腺切除，甚至在喉部移植假體形成喉結。手術後需要長期服用雄性荷爾蒙，從而能獲得更加男性化的效果。

下半身：從胸部取出肋軟骨雕刻成陰莖的形狀，外面包覆由前臂取下的游離皮瓣包裹起來，然後移植到鄰近的血管上；或是可選擇由矽膠製成的人工陰莖，最新的技術則是以小腿腓骨、皮膚、肌肉與人工尿管培養製成人工陰莖後移植。皮瓣的一部分反折後形成新的尿道，與原有的尿道續接。陰道和子宮、卵巢都被切除，大陰唇中植入睪丸假體，陰蒂則連同神經被移植到人工陰莖的頂部。

根據前台北榮民總醫院整形外科主任、現任愛麗生醫學美容中心主任方榮煌醫師表示，東方社會可能因為傳統「重男輕女」觀念的影響，在國內施作「女變男」變性手術的人數足足是「男變女」變性手術人數的兩倍有餘，這現象與西方社會變性手術多為「男變女」正好相反；但以手術難度來說，「男變女」比「女變男」相對要簡單許多，前者只需要約6小時的一場手術即可完成，

後者因牽涉較複雜的陰莖重製，過程需要將近3個月的時間，也因為「女變男」的手術較為複雜，費用也相對較高，總支出需要超過百萬，而「男變女」一般花費50萬元左右即可完成。

　　方榮煌醫師是台北榮總的第一任整形外科主任，也是台灣做變性手術的第一人，從1988年他執行第一例變性手術迄今，已累積近300名案例，其中不乏遠從美國及日本來台求醫者。

▌變性人能有性快感嗎？

　　根據一項對87名變性手術者對術後性行為滿意度的調查，有83名表示陰道敏感度良好，73名表示有高潮。關於手術後的變性人做愛有沒有感覺，整形醫師表示要依情況而定，某些情況下會有一定滿足的感

覺,但不同的人、不同的手術案例效果不同,一般來說,男變女變性後比女變男更容易有性快感功能。

男變女受訪者表示,利用龜頭創建的陰蒂具有良好的血管和敏感度,為陰蒂高潮提供了好的條件,同時由於前列腺並沒有被摘除,肛交時也能獲得高潮。

另外,在術後恢復階段,除了使用陰道支架擴張陰道外,醫生也建議患者在術後要盡快進行性交,即使新的陰道會有粘膜出血的可能,但那通常只是暫時性的,患者應該堅持性交而不是放棄。

至於女變男則因為手術複雜得多,雖然有陰莖,但現在的醫學技術還未能讓變性者像正常男人一樣勃起,如果想勃起的話必須借助專門的勃起器,至於勃起後能不能體會到性快感,則要看製造陰莖的方法和材料,一般有用陰蒂延長製作的,也有採用身體其他部位的皮瓣移植擴張來做的,如果是用陰蒂做成,較多會保留一定的性快感功能。

變性者的天堂──泰國

性別重置手術，也就是俗稱的變性手術，在泰國的行情大約是27.5萬泰銖（8600美元），而同樣的手術在美國要51～120萬泰銖（1.6～3.6萬美元）。當然，泰國變性手術之所以出名，不僅僅是因為價格低廉，其手術專業也甚有口碑。

有「變性教父」之稱的披里查（Preechaq）醫生指出，以他的診所為例，60%的客人來自美國，澳洲占20%，義大利占10%，其他則來自新加坡、南韓、日本等地，不過近年來，中東地區的客人有愈來愈多的趨勢。上門求診的顧客以女性占80%，男性顧客裡每10個會有1個要求做變性手術。

披里查醫師表示，來自台灣的顧客也相當多，每星期至少有1位，他表示，每年大約會有10～15位台灣人來找他做變性手術。披里查得意地說，泰國的變性手術在技術上日益精進，是全世界唯一做到術後能享受性交樂趣的地方，而這才是讓世界各地的人遠赴泰國做變性手術的原因。

變性者一定是同性戀嗎？

不是。

變性與同性戀沒有直接關係。例如一個生理性別（社會性別）為男性的人做了變性手術，完成生理上的轉變，那麼他可能喜歡男的（大多數），也可能喜歡女的（少數），喜歡男的是異性戀，喜歡女的是同性戀。

變性人之所以要變性是因為不認同自己的性別和身份，他們不是厭惡器官本身，而是厭惡器官長在自己身上，因為他們認為自己是異性，想要變性是為自己，而不是為了男人。

同性戀、變性人及跨性別者是不同群體，一般來說，人類在「性」事方面有三個維度：

1.生理性別：男人或是女人。

2.性取向：喜歡男人或是喜歡女人。

3.性別認同：覺得自己是男人或覺得自己是女人。

同性戀是性取向這個維度的少數群體，變性人是性別認同這個維度的少數群體，這兩個群體不一定有交集。變性人是廣義上的異性戀，他/她們是把自己當成一個男人/女人來性吸引異性，同性戀則是把自己當作一個男/女人來性吸引同性。

把同性戀和變性人混為一談是很多人會犯的錯誤。

Q&A

人妖一定是同性戀嗎？

「人妖」（ladyboy），指的是「LGBT」裡「T」的一種，不是男同性戀，不是女異性戀，而是跨性別者。

人妖一般來說指的是通過服用荷爾蒙來改變男性外觀的人，沒有做變性手術去除男性器官，做完變性手術的叫變性人。

人妖可細分為：

1.生理性別和心理性別為一致，但出於謀生選擇人妖身份。

2.生理性別和心理性別錯位，即性別身份認同障礙。

3.無性傾向，不認為自己是男女任何一方，藉助人妖身份模糊二元性別的界限。

後兩種皆屬於跨性別戀者，需要說明的是，前面提到的是性別身份的認知問題，而性取向則是另一個問題，兩者完全處在不同維度，很容易造成混淆。

實際生活中，很容易因為「倖存者偏差」（也稱為生存者偏差、倖存者偏誤，是一種邏輯謬誤，屬於選擇偏差的一種），只看到特定類型而以偏概全，其實這兩個維度空間內自由組合的個體都在人妖圈內存在。

人妖在性取向上通常有些模糊，如果只是為了滿足性慾，基本是男人、女人、人妖、變性人通吃，但如果談真情感，人妖還是會選擇男人，也會希望有個男人把她當老婆，感受被疼惜的感覺。

人妖是一種職業！

　　人妖並不討厭自己的男性第一性徵，純粹的人妖都是男性性認同，如果喜歡的對象是男性就是gay。心理方面則大部分都是女性，也有部分人妖具中性和男性的內在。

　　人妖去做變性的幾乎沒有，除非是為生計的職業人妖才會去做變性，純粹的人妖不是變性人。所以，異性戀、同性戀、跨性別戀者都有可能成為人妖。人妖喜歡男人當然有可能，可能是男同性戀變性為女人後喜歡男人，也可能是跨性別戀者變為女性後喜歡上男人。

男男性交：
D交、肛交，任君選擇

　　男同志根據做愛角色或在氣質上的差異，偏好插入對方的人通常稱作「1號」，或是「攻」，偏好被插入的人則稱作「受」或「0號」。當然也有人認為自己「攻」、「受」皆可，或是不屬於任何一種分類，就會稱自己為「不分」。

　　男同志的做愛方式除了肛交（簡稱10），還有口交（也稱69），許多人認為男同志都會進行肛交，但不是所有男同志都喜歡肛交，有些人心理上無法接受，有些人只偏好進展到口交而已，上床前雙方最好在這些事情上找到共識。

男男性交前有幾件不大不小的事要注意：

1.事前準備

在進行肛交前，為了顧及衛生與禮儀，0號（或有些不分）會先到廁所進行清腸灌洗。方法可以將蓮蓬頭的頭拆下，維持蹲坐姿勢，利用蓮蓬頭水管朝肛門輕緩地灌入溫度適宜的水約2～3秒，然後排出，重複前述步驟3～4次，直到排出的水清澈為止，這樣才能避免在激情的過程中出現令人尷尬的情況。

2.安全措施

男同志在性交方面其實與異性戀比較像，若預期會發生插入行為，約會前就要將保險套與水性潤滑液（使用油性潤滑液會破壞保險套）準備好，並且在性交過程中全程使用保險套。

3.前戲

與一般異性戀一樣，男同志性愛前一樣會有擁抱、親吻、愛撫等前戲，直至雙方或其中一方勃起。接下來可以用舌頭愛撫或以手指按壓或插入0號的肛門，過程中可以輔助使用水性潤滑液，直到0號的肛門較為放鬆，可容下1號的陰莖。完成暖身後，1號的陰莖需要套上保險套，緩緩插入0號的肛門，並且以肢體愛撫或言語幫助0號放鬆，待0號的肛門可以適應後，便準備進入衝刺階段。

4.做愛姿勢

男同志的做愛姿勢沒有設限，如傳統的傳教士、蓮花座、老漢推車等與異性戀相似的性交姿勢都行，技巧好的1號會一邊衝刺一邊探索0號的前列腺位置，輔以手指或輕或重的按摩，這樣能讓雙方一起享受快感；或者1號可以躺著，讓0號蹲坐在自己的陰莖上方，雙方自行尋找能達到高潮的角度以進行衝刺。

　　男同志的高潮往往是一前一後達到，比如1號射精後，再幫0號手交或口交，讓0號也能享受性高潮。

醫師的溫馨提醒：

　　為避免感染人類免疫缺乏病毒（HIV）而罹患愛滋病（AIDS），男男同性肛交應該使用大量的潤滑液。由於男性沒有陰道，男男之間的性行為多半會利用肛交的方式進行，但肛門本來不是設計來做為性器官的部位，其構造狹窄而缺乏潤滑，不若陰道能夠分泌淫液，所以容易因為陰莖持續抽送摩擦而破皮流血，這時，傷口就會像開給人類乳突病毒（HPV）的大門一樣，讓病毒得以長驅直入。

　　根據衛福部的統計資料顯示，因男男性行為而感染HIV的人數佔了總通報病例的64%，而根據國外研究，男性與女性從陰道性交，每次感染HIV的機率只有十分之一。

除了性交要使用大量潤滑劑，肛門性交宜戴上保險套且不要在直腸裡射精。由於直腸裡含有大量M細胞，是HIV病毒喜歡攻擊的目標，所以肛交時戴上保險套且不要射精在直腸裡，是預防感染HIV病毒的必要方式。

　　另外，「痔瘡」也是男男肛交常見的併發症，因為直腸過度摩擦造成便秘，易形成內痔和外痔，常引發大便出血疼痛，所以性交過程使用潤滑液充分潤滑是絕對需要的。

男同志分類

通常會依身材及外表進行以下分類：

牛（Bison）：白皙多肉的斯文型。

熊（Bear)：體壯毛多型。

豬（Piggy）：體肥憨厚型。

狼（Wolf）：精壯型。

金剛（Kong）：大塊肌肉型。

豹（Panther）：精瘦型。

狗（Dog)：可愛弟弟型。

猴（Monkey）：身材瘦削型。

蝦（Shrimp）：體態精壯長相稍差型。

需要注意的是，隨著同性戀人群增多，近年來罹患愛滋病的人口數量也逐漸增多，且以男同性戀者的占比較高。男同性戀者因為身體結構的原因，滿足需求只能通過走後門（肛交）的方式，很多人在發生性關係時沒有做好安全措施，由於肛門粘膜相對脆弱，容易破裂，且由於同性戀性伴侶多不固定，有的有多個性伴侶，甚至是頻繁更換陌生的性伴侶，導致罹病風險升高。如果沉迷這樣的行為，把身體內的細菌傳染給其他人，不僅增加健康風險，還可能造成大規模的交叉感染。

男同志如果想要享受自己一個人的性愛，也可以使用飛機杯或後庭按摩器，同樣能享受極致且歡愉的性愛。

金錢男孩

Money Boy，簡稱MB，指向同性提供有償性服務的男性，屬男妓的一種。MB不一定是同性戀者，有許多MB只是為了錢才與同性發生性行為，而並非出於自身的性需求。不以金錢做為交換條件而與同性發生性行為的男性不屬於MB，比如無償與同性發生一夜情，有些男孩這樣做單純只是因為好玩。

女女性交：
指交、口愛、剪刀式，各隨所好

　　女同性戀性行為角色可分為：1、0、69。「1」（top）指插入者，「0」（bottom，簡稱btm）指被插入者，「不分」指兩種角色皆可；「69」代表互相口交。

　　性交方式則常見有以下幾種：指交、口愛、剪刀式等，哪種方式最受青睞呢？只能説每個人有不同喜好，只要雙方都能接受並能同享高潮，就各隨所好吧！

指交

　　為最常見的女同志做愛方式，以手指撫摸對方的陰蒂，或插入陰道中，摩擦對方陰道內的G點（高潮點），讓對方達到高潮。

　　操作時伴侶正面相對，手掌朝上，併攏右手中指與無名指（指甲需剪短，並保持清潔），進入對方的陰道後雙指微微躬起，大約在入口處往內3～4公分處，利用指腹緩緩沿著陰道壁左右摩擦探索，可以找到一小塊微微膨脹的隆起處，可能也會摸到些許皺褶，這個地方就是G點。

　　透過持續的摩擦（每個女生喜歡的摩擦頻率有所不同），同時注意觀察對方的反應，當對方的臉漸漸潮紅、發出呻吟，並且配合摩擦的頻率扭動腰部，代表摩擦的位置對了，並且對方快要到達高潮；在對方快到達高潮的時候，會有全身突然抽搐或僵直的表現，通常會伴隨有緊抓棉被、枕頭或是緊抱對方的情形，此狀況經歷一會兒之後就會突然放鬆，代表已經到達高潮。事後雙方可以靜靜的擁抱並稍作休息，高潮的餘韻通常可以持續幾分鐘。

口愛（口交）

　　這個方式也可幫助達到陰蒂高潮，方法類似用手指按摩陰蒂，但這是透過舌頭進行口交，由於舌頭的感覺較手指柔軟、潮濕，做愛時感受會比較舒服。

操作時一方正面朝上仰躺，並將膝蓋彎曲，另一方把頭埋入對方的胯下，並且用單手把陰唇撥開，先用些許唾液濕潤仰躺者的陰蒂周邊，並且透過點、捻、舔、揉等方式，接著用舌尖繞圈或是上下來回舔。每個女生感覺舒服的方式不一樣，需要觀察對方的反應進行動作變換，但如果被口交的一方能自主表達感受，告訴口交者哪種觸感、哪個位置最舒服，這樣就能幫助自己更快達到高潮。

口交的缺點是比指交費體力，訣竅是注意觀察對方的反應，如果她的身體震顫或呻吟愈來愈強烈，並開始閃躲舌頭的接觸，代表她已接近高潮，只要再堅持一下就能完美達陣。

剪刀式（磨豆腐）

這種做愛方式又叫「磨豆腐」，顧名思義就是兩個柔軟的物品互相摩擦，通常是指兩個女生的陰部相互摩擦刺激，以達到性愉悅與性高潮的目的。這是一種女同雙方可以同時享受快感的做愛姿勢，中國古代稱「磨鏡」，來源於雙方有同樣的身體結構，操作時如同在中間放了一面鏡子。

此法也可說是女同最高難度的做愛方式，操作時雙方同時張開兩腿，並做交叉狀，互以私處對私處的姿勢來摩擦彼此的陰蒂，操作時雙方需同時扭動腰部，尋求與對方一起達到陰蒂高潮。

兩個人可先以坐姿面對彼此，慢慢靠近對方，試著找到適合彼此的雙腿交叉位置，如果在床上，通常有一方採取身體直立的跪姿，另一方可將一隻腳穿過對方的雙腿中間，然後讓彼此的恥骨相對，這樣就可以開始嘗試互相摩擦了；這時可以用不需支撐身體的另一隻手去撫摸對方的敏感地帶，或是採直立跪姿的一方可趁機吸吮對方的乳頭，這樣可達

到多重刺激的效果。

　　而除了摩擦彼此的陰部，有時以陰部摩擦對方的大腿也有不錯的效果。不管是雙方一起摩擦，或者是一方坐在對方的大腿上摩擦，都能刺激整個陰部的敏感處，這個姿勢也可嘗試坐在椅子或是床緣進行，可增添性生活的不同樂趣。

　　需要提醒的是，頻繁摩擦對有些人的陰部來說會比較容易乾燥，或因為有些人的陰唇包覆比較緊，如果不將陰唇撥開一些的話，因為性刺激強度不足，陰道的分泌物會比較難產生，且在缺乏潤滑的情況下容易因疼痛而減低性行為的樂趣。若有以上這些情形，性交過程要適時補充水性潤滑液，可直接塗抹在陰部或大腿上，如果不喜歡直接塗抹的感覺，可將潤滑液擠在手上，待摩搓過後較接近肌膚溫度時再行塗抹。

婦科醫師給女同志生理保健及性愛高潮的處方

　　女性從年輕到老會發生許多與健康有關的問題，為她們排憂解難是婦產科醫師的職責，觸發我寫這本書的原因在於門診時經常有女同志因為不適當的衛生保健觀念，使健康出現問題而前來求診。出於關懷，以下我把門診時女同志常會遭遇的婦科問題整理歸納，作為女同志婦科衛生保健的參考，也提出女同志在平時及性愛時如何保護自己身體的方法。

　　找婦科醫師看病是女同志一生中難以避免的事情，然而要和醫生面對面討論病情，經常讓病患感覺尷尬與不自在。當告訴醫生妳有不正常出血、腹部疼痛、陰道分泌物顏色不對、味道不好、分泌量過多等，醫

生照理都不需要請病患上內診台，若需上內診台，要兩腿張開，使用鴨嘴撐開陰道，再用燈光射進深處，以照亮子宮頸，察看子宮頸有沒有紅腫發炎，陰道有無存留黃綠色的白色念珠菌，甚至嗅聞有沒有因細菌感染引起的不好味道。

如果醫生沒意識到病患是同志，可能會問「有沒有結婚？」、「有沒有男朋友？」，如果月經延遲了，會提醒患者有沒有懷孕的可能？或是讓病患驗尿確認有沒有懷孕，可是同志病患自己知道根本不可能懷孕，這時妳不妨直接告訴醫師，「我有同性朋友，不可能懷孕」。

如果妳已經有性經驗，包含手指性交，或是曾經使用情趣用品插入陰道，應該直接告知醫生妳有過性經驗，或是委婉地告知醫師妳可以接受內診。因為在某些診斷及治療的情況下，病患上內診台是必要的，例如做抹片檢查，把陰道的細菌/霉菌用藥水沖洗乾淨，或是為了更好的治療效果必須在陰道內置入藥物。

另一方面，如果妳確實不曾被任何物體插入過陰道時可直接告訴醫生：「我沒有過性經驗」，一般情況，醫生會將還沒有性經驗的女性當成處女，就不會要求她們上內診台做內診，因為醫生會擔心不小心把器械伸進她們的陰道，造成處女膜破裂而成為被告。

在門診時有幾個值得一提的關於女同志的事件：其一，有個孕婦由「先生」陪同前來做產前檢查，問診完後要做超音波檢查胎兒，護理同仁請「先生」陪同太太跟我到超音波室，這位身穿男性襯衫、短褲、男鞋、理小平

頭的「先生」突然提醒我們：「我們是同性伴侶，我不是她的先生。」當場我與同仁一陣驚愕，超音波檢查完後我們坐下來輕鬆聊一下，才知原來孕婦腹中的胎兒是與已經分手的前男友懷下的，現在她們兩人同性相愛，打算結婚一起扶養腹中的孩子，剎那間，周圍空氣中彷彿散發出滿室溫馨的光芒！診後同仁和她們加Line聯繫，不久後孕婦順利產下一個漂亮的寶寶，滿月時她們還送蛋糕給大家分享快樂！

　　另有一位年齡28歲，瘦瘦高高，長相清秀的女同志要求我替她動手術拿掉子宮。初診時她坦承告知是女同志，有女性伴侶，並且決定終身不婚，也詢問變性手術相關問題。我告訴她拿掉子宮要有醫療上的理由，況且我沒有資格做變性手術，國內目前變性手術在法律上有許多程序要走，她得另外想辦法。

　　經過幾次溝通，我了解她從13歲有月經開始，每個月月經初來的頭一兩天肚子會痛得沒辦法站立走路，必須向學校請假，我幫她做了詳細的超音波檢查，並詳細詢問她的家族病史，發現她的母親有經痛的體質，且長有肌瘤，我替她做了詳細的超音波檢查，發現她的子宮形狀腫大碩圓，後徑超過6公分，且右邊的卵巢腫大，直徑約7公分，疑似子宮內膜異位瘤，我告訴她可以動手術切除子宮長瘤的一邊、拿掉腫大的卵巢，但保留另一邊卵巢，她希望我把另一個正常的卵巢也拿掉，我告訴她不可行，這樣做會立刻讓她進入更年期狀態，開始全身發熱盜汗，臉部潮紅，所有更年期的症狀都會出現，日常生活會有許多不舒服情況，且要每天服用女性荷爾蒙，連續吃幾十年。最後，我替她保留了一個卵巢，幾個月後回診時她非常高興的告訴我，她現在免除了經痛且沒有月經，憂鬱症狀完全消除了，眼前一片光明樂觀，很開心能幫她解除生理的不適，也真心祝福她。

給女同志性愛的溫馨提醒

　　女同志常因性愛引起的婦科問題是陰道炎。讓伴侶的手指深入陰道探索，四處觸摸陰道、子宮頸，無疑是很愉悅的性愛享受，指交時可以用食指或中指，先用一根手指或者兩根一起進去都好，前提是一定要輕柔，且要不斷詢問對方的感覺，如果持續撫觸陰道前壁入口三分之一處，即所謂G點的位置，更容易達到高潮。

　　由於陰道壁是薄薄的一層，手指頭的表面比起陰莖強硬粗糙許多，如果摩擦時間過久、速度過快，或者用力過大，都很容易摩擦破皮引發發炎或紅腫熱痛，加上表皮磨損會造成接下來的細菌侵入感染，造成分泌白濁或黃綠有異味的液體，有這種情況不應諱疾忌醫，需立即去找婦產科醫生，並主動告知醫生妳需要內診檢查陰道。

我建議女同志做愛前伴侶兩人都應該用清潔液把陰道口、外陰、肛門及十根手指頭洗乾淨,尤其要時常把指甲修剪整齊,並在指交時使用大量的潤滑劑;做愛過程也必須不斷添加潤滑劑,可避免受創產生的感染和發炎。

特別提醒雙方口交前後都要刷牙漱口!因為口腔中常有很多的鏈球菌跟大腸桿菌,陰道及肛門周圍也有很多大腸桿菌會經由口交互相傳染,抵抗力不好的話細菌便會進入體內,造成尿道膀胱炎及骨盆腔發炎;此外,把口腔和陰部清潔乾淨也是尊重對方的表現。口交是很高雅的性愛動作,被口交者會感受伴侶真摯的愛,進行口交者會感謝對方毫無保留地把她最私密的地方供給自己享用!

當然在享受大餐前,妳們都必須把菜色料理乾淨美味才好,雙方都應該好好的洗個澡,把陰道、外陰、肛門周圍及鼠蹊部用清潔劑洗得很乾淨,包括腳掌、腳趾頭也都應該刷洗得沒有味道。

另外,根據情趣用品業者反應,女性使用性玩具愈來愈普遍了。事實上,80%以上的情趣用品是為女性設計及提供女性使用,許多男性購

女同志應注意的婦科疾病

✔ 1.白帶／陰道炎　　✔ 4.亂經

✔ 2.骨盆腔炎　　✔ 5.經痛　　✔ 7.卵巢瘤／癌

✔ 3.尿道膀胱炎　　✔ 6.子宮肌瘤　　✔ 8.更年期症狀

買情趣用品也是為了給女性使用。

我很鼓勵女同志使用情趣用品，情趣用品的諸多好處包括方便、可以DIY不求助他人，使用的時間/地點也不會受到太多限制，方便、乾淨，不容易感染，快慢輕重深淺都可隨心所欲，且因為可以持久不中斷，讓自己屢屢達到高潮盡興為止。

伴侶不在身邊時可自己獨自使用，有伴侶幫忙則是另一種享受！

但使用情趣用品最要注意的是要避免機械性傷害，因為它可以隨心所欲，所以常常會因為動作太快、變化太大、太過深入、時間過久，而造成陰道摩擦傷害，事後紅腫熱痛，所以使用時要有所節制。當事後發現陰道不舒服、分泌物有異狀，一定要立即去看醫生，不可以拖延病情。注意這些細節，才能締造完美的同性性愛情趣！

婦科常見女同志求診疑問

1. 女同志要不要做子宮頸抹片檢查？
2. 女同志要不要打**HPV**疫苗？
3. 更年期可不可以接受荷爾蒙治療？
4. 可否切除子宮？
5. 卵巢需不需要拿掉？
6. 拿掉卵巢會出現什麼情況？
7. 口交容易引起哪些疾病？
8. 指交容易造成哪些疾病？

同志認同促進情趣行業發展

　　隨著年輕世代思想改變，近年來情趣用品市場發展飛快，尤以男同性戀者使用的情趣用品為銷售增速最快的產品項目，這是因為男同性戀人群數量攀升，帶動了情趣行業的發展，同時湧現出許多專為男同志研發的情趣用品，包括前高棒系列、前列腺按摩器系列、同志潤滑油系列等都是深受男同志喜愛的熱銷商品！

　　至於女同情趣用品市場也是蓬勃發展，除了新奇、實用，商品設計都還很注重美觀，且不同形狀還有不同玩法，有些甚至可以放在床頭當小夜燈，完全按著女生的心理需求設計，在觀賞、實用兩相宜的情況下，難怪商機愈來愈大。

男同志

1.飛機杯

每款飛機杯都有自己獨特的通道設計，材質也很柔軟，能全面刺激和包裹陰莖，體驗與真人做愛的感受，如果用自己的手就體驗不到那種柔軟的質感。另外，很多人以為0號不會用飛機杯，其實不然，很多0號也喜歡飛機杯，尤其喜歡透明的款式，因為這種產品除了體感，還能增加視覺的刺激。

2.前列腺按摩器

很受0號歡迎，據統計，近年來出貨量比飛機杯還高。這款產品幾乎每個買情趣用品的0號都使用過，主要是通過按摩來達到前列腺高潮，目前市面上的前列腺按摩器花樣繁多，帶加熱、震動、遙控、調節等功能。也有手動的，價格較低，但電動的優勢是可以調節頻率。

3.肛塞

這也是很多0號必備的後庭玩具，尺寸一般比前列腺按摩器小很多。肛塞最大的好處是方便攜帶，還能隨時隨地使用，隱密性極高。比如很多人上班或外出時就把它塞進後庭，隨時能獲得高潮，也不容易掉出來；另有可遙控的款式，能滿足兩人運動的玩法，1號、0號互相遙控，樂趣無窮！

肛塞材質一般分為金屬及矽膠兩類。

4.保險套、潤滑油

這兩種早已是大眾級別的用品了，選購保險套只要購買有品牌的就行，但潤滑油就有不同用途的差別。如果是有伴侶或者炮友的0號，就

需要用肛門潤滑油，記得一定要選擇肛門專用的潤滑油，有的肛門潤滑油有緩痛的功能。

5.男用仿真陰道

使用特殊乳膠製成的性玩具，製作逼真，手感舒適，搭配潤滑液使用觸感更絲滑。這種玩具可以給使用者帶來極大的視覺刺激，但缺點是攜帶不便。

6.充氣娃娃

新產品具有智能震動，可負壓陰道產生規律的虹吸式收縮，且會隨著性交體驗給玩偶造成壓力，壓力越大，內部結構的私密處會更緊縮，使用者更有快感。充氣娃娃雖然對人體沒有傷害，但也不建議過度使用，萬一太過依賴充氣娃娃，對真實的性愛可能會失去興趣和能力。

除了以上常見的用品，其他熱銷產品還有性感誘惑的雙丁內褲、帝王情趣露胸T恤、萊卡蜘蛛俠緊身衣、鞭策SM套裝等也都很受歡迎，有興趣的男同志不妨約伴嘗試看看。

女同志

1.手指跳蛋

指交是女同志圈裡最普遍的做愛方式，使用手指跳蛋可大量減輕手指的負擔，也是個引領伴侶進入情趣用品世界的入門產品，是新手入門CP值最高的情趣用品。指套的兩端配有超強陣馬達，不管是前戲時的摩擦挑逗，還是進入後的填滿強震，都能輕鬆挑起伴侶的情慾。親膚的矽膠與流線設計，靠近洞口就自然滑入，外頭的小尾巴緊貼陰蒂，能內外同時感受震動來襲的快感。

2.穿戴式按摩棒

　　如果伴侶喜愛陰道高潮，也不畏懼侵入式情趣用品，就很適用穿戴式按摩棒。相較於手指型跳蛋，穿戴式按摩棒多了感官上的刺激，1號多了一種征服的優越感，0號則多了一種被脹滿的滿足。更重要的是，1號多出來的雙手可以做更多事，例如擁抱、愛撫等。另外還有專為女同志設計的雙人共震穿戴褲，能同時滿足雙方情慾，材質為柔軟的液態矽膠，舒適沒有異物感，一方陰蒂高潮、一方陰道高潮，兩人一起達到高潮不是夢！

3.穿戴式陽具

　　採用主要用於嬰兒產品的液態矽膠，柔軟、具高回彈度，超仿真設計，每處細節都真實還原，比男體陰莖更具刺激感，柔軟的龜頭讓進入更加輕易，爆筋的設計來回摩擦陰道內壁，不只刺激視覺感官，也兼具舒適感。內建吸盤設計，可調節式綁帶，簡單好操作，單人自己使用也可以情趣滿分。

　　在女同志圈，有些人偏愛能刺激視覺感官的仿真設計，有些則排斥充滿男性象徵的玩具，使用前需要與伴侶溝通討論，選擇最適合彼此的造型、細節設計、尺寸，才能讓雙方都玩得盡興。

4.雙頭（電動）按摩棒

　　比起手指跳蛋與穿戴式按摩棒，雙頭按摩棒更需要1號與0號都有一定的性經驗，更願意嘗試與突破，以達到雙方在歡愉時生理上的高潮。雙頭按摩棒採用食品級矽膠製成，安全親膚且非常滑順，設計上更是處處以女同志的思維去考量，轉角處非常柔軟且具彈性，可適應

任何角度，也能緊緊勾著彼此不鬆脫，倒鉤處前端設計縮口，較為細小，讓有些還未適應置入感的女同也能輕易置入，曲線置入後直搗0號的G點，頗受女同志喜愛！

5.女性專用潤滑液

性愛時搭配潤滑液來使用玩具，不僅能加倍滑順刺激，也能倍增激情，但潤滑液種類非常多，有各種口味、有的會發熱，有些還具有滋養女性陰部的功效，但有些潤滑液的成分會損害玩具，挑選時必須注意這些細節。

6.跳蛋

液態矽膠製作出的水滴狀外觀，相比常見的跳蛋更為豐滿，更能塞滿陰道，隨著震動會感覺整個陰道像是一個密閉的空間，震波不停地來回傳遞，充分刺激陰道的每個角落。

7.吸吮震動按摩器

可同時吸吮陰蒂及按摩刺激G點，讓裡外同時達到高潮。吸吮口柔軟有彈性，吸吮震感也很細緻溫柔，放入體內震動的那端體積很小，幾乎不會有異物感，尾部有震動拍打的功能，強度很高，瞬間就能到頂點，很適合喜歡強刺激的人！

做愛是體現伴侶愛的一種方式，它可以是任何形式，千萬不要被刻板印象所限制，舉凡口交、指交，任何異性戀者能做到的，同性戀者一樣能做到，身體做不到的，千變萬化的情趣用品，也一定能幫助你達成任務。

同志 ≠ 愛滋，
不安全性行為才是重點

　　愛滋病全名為後天免疫缺乏症候群（Acquired Immunodeficiency Syndrome，AIDS），多是藉由血液與性交傳染，男同志由於性交方式多為肛交，也因為直腸黏膜的彈性遠不及陰道，因此肛門及直腸下段黏膜容易破損，而一旦破損，其對愛滋病病毒HIV（人類免疫缺乏病毒，human immunodeficiency virus）的抵抗性就會下降，容易造成感染。

　　根據統計，在病毒感染的空窗期和發作早期，肛交傳播的機率為10%～30%，而在疾病潛伏期，肛交傳播率為0.1%～1%。這兩項數據都遠高於男女性交，且HIV感染危險因子中，男男性交占比高達八成。

性伴侶不固定提高染病風險

　　據調查顯示，近半男同志沒有固定性伴侶，也常有一夜情。同時，男同志使用保險套的意識較低落，或是使用方式不正確，使得男同志性愛容易成為愛滋病傳播的溫床。

　　愛滋病毒主要的傳染途徑包括：

　　1.性行為傳染：與愛滋病毒感染者發生口腔、肛門、陰道等方式之性交或其他體液交換時，均有可能被感染。

　　2.血液傳染：

　　・輸進或接觸被愛滋病毒污染的血液、血液製劑。

　　・與感染愛滋病毒之靜脈藥癮者共用注射針頭、針筒。

　　・接受愛滋病毒感染者之器官移植。

愛滋病毒的潛伏期與空窗期

　　愛滋病毒的潛伏期通常指感染後約2～6週會出現感冒樣的原發性感染症狀，或是指感染愛滋病毒後到出現臨床症狀的期間，一般是5～10年，稱為隱形期或次臨床期。

　　由於愛滋病毒感染後的病程進展快慢不一，許多患者在空窗期或潛伏期時沒有症狀，也因為感染愛滋病毒後需要經過一段時間血液才會產生愛滋病毒抗體，因此

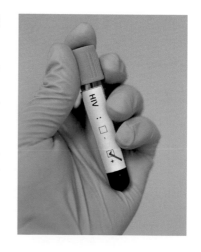

在感染後的早期可能因抗體尚未產生，使檢驗呈陰性反應，此即為空窗期。一般而言，愛滋病毒感染後6～12週為空窗期，也曾有發現空窗期長達12個月的案例。隨著檢驗方式進步，空窗期目前已可縮短到1～2週。此期間患者體內的愛滋病毒量最高，傳染力強，特別是許多患者沒有症狀或症狀不明顯，易被疏忽或診斷成一般感冒，患者此時期如果繼續從事高危險性行為就容易傳染給其他人。

Q&A

如果懷疑感染愛滋病毒該怎麼辦？

如果曾有感染愛滋病毒的危險行為，例如一夜情、援交、肛交、沒有固定性伴侶或共用針頭等，應盡快到醫院接受檢驗，不論結果是否為陽性，應立即停止可能感染之危險性行為。

若懷疑自己可能感染愛滋病毒，又擔心檢驗時身份曝光，可匿名至疾病管制署委託愛滋病指定醫院設立之篩檢諮詢管道進行篩檢。

懷疑自己有可能感染愛滋病毒的人，絕不可利用捐血中心做愛滋病毒檢驗，避免無辜的受血人被愛滋病毒感染。

愛滋病預防方法

　　1.固定性伴侶，並正確、全程使用保險套，避免性交易或性服務之消費。

　　2.不要與別人共用可能被血液污染的用具，如刮鬍刀、牙刷或任何尖銳器械、穿刺工具。

　　3.使用拋棄式空針、針頭。

　　4.避免不必要之輸血或器官移植。

　　5.性病患者應儘速就醫。

　　6.如果性伴侶無法提供安全的性行為，又不願做好愛滋病防範措施，就應拒絕與對方發生性行為。

奇裝異服的同志大遊行

　　起源於2003年，於每年10月最後一個星期六在台北舉行的台灣同志遊行，該活動至今已成為東亞規模最大的爭取LGBTQ+權益的活動，歷年遊行隊伍中不乏出現一些皮繩愉虐隊伍及衣不蔽體裝扮的人員，這些打扮與舉動頗為外界不解與不齒，但參與人員這麼做只是為了好玩嗎？其實還有以下幾點原因：

1.凸顯社會上仍存在對同志族群的歧視

　　不論在任何地方舉行的同志遊行，首要目標就是希望社會大眾不要再「漠視」LGBTQ+族群的存在，所以很多活躍的運動者與同志都會在這個場合「用力」強調同志族群的存在！他們以華麗的服裝或裸露的身體來凸顯自己，以搞笑、反諷、積極、辛辣的標語來凸顯社會上仍存在的對同志族群的歧視與不公義。

2.破除對性議題的禁忌

　　很多同志會在遊行時展現自身的身體與情慾，一方面是因為同志議題本來就跟「性」和「身體」息息相關，不論是性傾向、性別認同、性別氣質，又或者是各種的性少數、性癖好、性工作等，都與性議題有關，為反制「性」長期被汙名化，提醒國人要正面對待，破除一般人對性的負面印象！另一方面，裸露也是希望藉此打破社會上的「恐性」、「避性」、「忌性」文化，讓人們不再壓抑各種心中的慾望，不再忽視各種需求與聲音，不再汙名各種情慾表現與性工作！

3.爭取媒體曝光

　　為了爭取媒體曝光及吸引旁觀民眾的注意，愈多「突破」成為弱勢群體發聲的方式之一。

4.對抗社會既有規則

在一般人認知的「正常」社會
中，奇裝異服就是與眾不同、就是
叛逆，在這樣的框架下，多元面貌
與聲音經常被忽視，為了對抗這種
不正義的「既有規則」，於是參與遊
行的人便以奇裝異服來凸顯訴求。

其實，同志大遊行場上的奇裝異服或裸
露，就如同在萬聖節扮鬼一樣，只是個節慶的活動扮裝，換言之，如
果萬聖節扮鬼嚇人不是問題，為什麼同志遊行穿得少就是件具負面觀
感的事，就該有罪。

5.高興就好，凸顯歡樂主題！

這一點是最重要的，因為這類遊行本來就是定義歡樂性質，只要高
興，不管是要做哪樣裝扮，參與者可自行決定。其實觀看歷屆同志大
遊行，奇裝異服當然有，但很多參與者還是一般的裝扮，畢竟，能吸
引更多人參與才是活動影響力能持續擴大與深植的關鍵！

對此，曾參與活動的世新大學性別研究所研究生吳仕宇表示，所
謂「理性除魅、追求平等」不該只是口號，更應該突破對於單一身體
形象的想像與界線，讓各類議題得以被公開的討論；只要裸露依舊被
批評、身體尚未被解放，我們就需要不斷努力，而身體就是抵抗社會
結構的武器。

西門町，LGBTQ+新樂園

　　台北西門町捷運站6號出口一道繽紛的「六色彩虹」，上頭寫著大大的「TAIPEI」，這個象徵台灣性別平等、平權進步的「彩虹地景－彩虹斑馬線」出現在2019年台灣通過同婚法案後的7月，推出以來吸引了世界各地的遊客朝聖似的趕去拍照打卡。

　　這個象徵同志平權的永久地景為何選在西門町街頭？主要是因為西門町已然成為LGBTQ+族群的新樂園，聚集在地標建築紅樓一帶的各式酒吧，入夜後成為了為同志族群休閒歡樂量身而設的純享空間；而在西門町成為LGBTQ+族群新樂園之前，台北早期同志活動的地點同樣也在西門町一帶，但活動地點以新公園（現改名為228公園）、衡陽路一帶為主，再來就是紅樓戲院了。

「紅樓戲院」是台灣最早的同志戲院，更早以前它其實是戲曲展演的地方，後來因為戲曲市場日益萎縮，改播二輪電影，由於價格便宜又不清場，一些熟齡同志就長期在那邊流連，躲在戲院的後排或是戲院廁所等著幫有需求的同道吹弄。久了，這家戲院就在同志圈內有了小小的名氣。

為什麼同志風會在這裡吹起來呢？由於在那個年代，這類的事會引起社會極大的反感，甚至是會觸犯法律，所以當時的同志只能在一些公廁裡頭，搜索前人的留言，或者是在午夜的新公園裡，聽到老同志的口耳相傳，才能知道當時的「同志密碼」。

1992年，因為都市更新計畫，繁盛一時的中華商場遭到拆除，西門町進入整體沒落時期。此時，同志聚集的地點就轉到鄰近的台北車站及林森北路一帶，那時，位在杭州南路的台灣第一家同志酒吧Funky開幕了，一舉把所有當時年輕同志都逐漸往東區帶，那時沒有人會想到，歷經時光流轉，「紅樓」會重新成為同志聚集的地點。

幾經修整，「紅樓」在2018年重新開放，儘管大張旗鼓，但附近的商業街一開始也度過好幾年慘淡的時光，直到後面的酒吧區也整修完畢，鑑於紅樓一帶以前就是同志交流的據點，在樓後面的酒吧區開放後，最早的小熊村（BEAR BAR）就大搖大擺打著同志飲料店的旗號，招來了名氣與人氣，加上幾次同志大遊行後都選在「紅樓」舉辦晚會活動，使得整區的氣勢被營造起來，讓這裡浴火重生，成為同志新樂園。

知名的同志酒吧/三溫暖

　　隨著社會觀念逐漸開放，酒吧夜店開始在台灣流行，專屬於同志的夜生活也慢慢浮現，以下介紹幾家在同志圈擁有口碑的酒吧。

Abrazo

　　位在台北市大安區，是台北著名的彩虹酒吧，「Abrazo」在西語意為「擁抱」。這裡平日是餐酒館，週末晚上10點一過就變身成Gay Bar，男性入場費400元（可抵換1杯飲料），女性800元（可換2杯飲料），週末夜經常會有許多小網紅現身，很適合和GAY蜜一起來。

Bacio Taipei

　　在台北市敦化南路巷子裡，是一間比較溫和的酒吧，定位狂歡前後休憩聊天的地方，「Bacio」在義文代表「親吻」，店家希望用愛的語言打造一個舒適的環境，可以在悠閒的夜晚來這邊喝杯小酒，這裡有很多帥哥同志。

Cafe Delida

　　以變裝皇后表演獨樹一格。Delida
是上世紀70年代的法國同志偶像女神，
該店首創將變裝皇后表演帶進台灣同
志圈，透過與美國實境競賽電視節目
「RuPaul's Drag Race」的明星皇后
Kim Chi合作，逐漸炒熱知名度。現在，
每週六晚上9點左右固定有變裝皇后表
演，氣氛通常會在此時炒熱到最高點。

圖片來源：Café Dalida @Facebook

G-2 PARADISE

　　位在西門町成都路，五光十色使這裡
氣氛感滿分，提供高達88種花式調酒，
店員能以流利的英文介紹酒單，吸引眾多
外國LGBTQ+朋友在此雲集，彷彿小型聯
合國，想要認識外國的同志朋友或交流心
得，可以來這裡找樂趣。

圖片來源：G-2 PARADISE @Facebook

Hunt

　　位在台北市貴陽街，以主題日聞名，內褲日、小毛巾之夜、全場暗房
日等。2022年同志遊行當晚即在這裡舉辦「內褲之夜」，店家有時會把吧
台旁的布簾拉起，讓顧客透過布簾看見簾後的人形剪影，是幽閉恐懼症同
志解套享受的好地方。

Locker Room

位在紅樓後巷子裡,約在晚上10點左右會有表演。一進店裡就可看到一整排的locker room(更衣室),除了兩旁的淋浴間,中央開放式的淋浴區通常是Gogo boy(指在同性營業場所進行表演的男性)的表演舞台。伴隨飛濺的水花及奔放的音樂,Gogo boy激情舞蹈,還會與觀眾互動,讓人回味無窮!

圖片來源:Locker Room @facebook

Mudan(牡丹)

位在西門町紅樓後側邊,是欣賞紅樓建築的最佳場所,戶外的紅燈籠加上「牡丹」中文字樣,營造滿滿復古意境,白天看彩虹旗飄揚,夜晚看星光點點,店家以「樹下奉茶」為理念,歡迎所有顧客在這裡享受輕鬆美好的休閒時光。

PLUS

以下為女同專屬

Taboo

　　位於台北市建國北路，是一家超人氣女同志夜店，這裡有帥氣美麗的公關穿梭其間和大家玩喝酒遊戲，也經常舉辦主題活動，像是在同志遊行後的派對和特定節日的狂歡夜，不管是一個人還是與朋友聚會，都可以玩得很盡興！

圖片來源：TABOO @Facebook

Wonder Bar

　　位在台北市復興北路，號稱「女同志不能沒去過的夜店」，不論是想要和朋友聚會，還是想要認識新朋友，這裡都很適合，所有的員工都是女性，每個月第二個週六有單身派對，透過各種有趣的活動炒熱氣氛，還有互動遊戲讓大家貼近距離。

圖片來源：Wonder bar＆lounge @facebook

Funway Tbar

　　位於台中市中區，店裡不定期會舉辦各種變裝活動，如和服趴、學生制服趴，或是節日的萬聖節變裝趴，店內的帥T和美女公關會陪客人喝酒、聊天、玩遊戲，獨自前往認識新朋友也不會覺得無聊！

同志三溫暖

　　台灣早年因為大環境的影響，同志行為極為壓抑，多數人不敢公開談論，甚至會偽裝喜歡女性或是與異性結婚，使得許多同志間的交流不得已走入三溫暖或溫泉會館，在這些較隱密的私人空間裡，同志們可以自在互動，傳遞情感，不需要擔心與在意他人的眼光。

XL CLUB

　　位於台北市中山區，是一家結合健身房、三溫暖、休閒酒吧為一體的俱樂部，巡航暗房區域除了大型混合房間外，還有多個單間，蒸汽三溫暖也是一個亮點，屋頂是開放的，可以在室內享受日光浴。

皇宮三溫暖

　　位在台北市西門町，是一家以服務熟齡同志為主的三溫暖，店內有浴場、乾蒸三溫暖、濕蒸三溫暖、電影室等，也提供收費按摩服務。

Soi 13 in

位於台北市中山區，前身為彩虹三溫暖，場子不大但很乾淨，顧客年齡層分佈較廣，店內有巡航暗房區、浴池、乾蒸三溫暖、蒸汽三溫暖等，在這裡只要眼光精準就能找到看對眼的伴。

圖片來源：Soi 13 in 同志三溫暖 - Facebook

I/O発展公場

位於台北市中山區，類似日本「發展場」（日本民眾對同志聚集地方的稱呼）的風格，每天有不同的活動，每週五會舉辦特別活動。

圖片來源：I/O発展公場 - Facebook

大上海三溫暖

位於台北市西門町，以熟齡顧客為主，喜歡考古的同志非常值得去，人氣很旺。

漢士三溫暖

位在台北市西門町的萬年商業大樓，有乾蒸三溫暖及蒸汽三溫暖。

除了上列名店，其他像是早期的北投長春溫泉、川湯溫泉等，雖不是專為同志族群而設立，但仍是在同志間流傳而不可錯過的友善店家。

國家圖書館出版品預行編目資料

彩虹浪潮：同性戀情慾探討 / 潘俊亨著. -- 初版.
-- 新北市：金塊文化事業有限公司, 2023.11
200 面 ;17 x 23 公分. -- (實用生活 ; 60)
ISBN 978-626-97548-6-1(平裝)
1.CST: 同性戀 2.CST: 性別認同
544.751　　112016117

實用生活60

彩虹浪潮
——
同性戀情慾探討

金塊 文化

作　　者：潘俊亨
發 行 人：王志強
總 編 輯：余素珠
美術編輯：JOHN平面設計工作室
協力製作：曾瀅倫、林佩宜

出 版 社：金塊文化事業有限公司
地　　址：新北市新莊區立信三街35巷2號12樓
電　　話：02-2276-8940
傳　　真：02-2276-3425
E - m a i l：nuggetsculture@yahoo.com.tw

匯款銀行：上海商業銀行 新莊分行（總行代號 011）
匯款帳號：25102000028053
戶　　名：金塊文化事業有限公司

總 經 銷：創智文化有限公司
電　　話：02-22683489
印　　刷：大亞彩色印刷
初版一刷：2023年11月
定　　價：新台幣380元／港幣127元

ISBN：978-626-97548-6-1（平裝）